Marte Svare

Le Soudan et la malédiction des ressources

AF141455

Marte Svare

Le Soudan et la malédiction des ressources

L'impact des ressources naturelles sur les conflits au Soudan

ScienciaScripts

Imprint
Any brand names and product names mentioned in this book are subject to trademark, brand or patent protection and are trademarks or registered trademarks of their respective holders. The use of brand names, product names, common names, trade names, product descriptions etc. even without a particular marking in this work is in no way to be construed to mean that such names may be regarded as unrestricted in respect of trademark and brand protection legislation and could thus be used by anyone.

Cover image: www.ingimage.com

This book is a translation from the original published under ISBN 978-3-8443-0521-0.

Publisher:
Sciencia Scripts
is a trademark of
International Book Market Service Ltd., member of OmniScriptum Publishing Group
17 Meldrum Street, Beau Bassin 71504, Mauritius
Printed at: see last page
ISBN: 978-620-2-81918-3

Table des matières

1.

Liste des figures et des cartes

Abréviations et acronymes

ABC	Commission des frontières d'Abyei
AEC	Comité d'appréciation et d'évaluation
AU	Union africaine
CBOS	Banque centrale du Soudan
CNPC	Société nationale chinoise de pétrole
CPA	Accord de paix global
CRMA	Cartographie et analyse des crises et de la reprise
DFID	Département pour le développement international (Royaume-Uni)
PIB	Produit intérieur brut
GONU	Gouvernement d'unité nationale
GOSS	Gouvernement du Sud-Soudan
HAC	Commission d'aide humanitaire
ICC	Cour pénale internationale
OING	Organisation internationale non gouvernementale
JEM	Mouvement pour la justice et l'égalité
LRA	L'Armée de résistance du Seigneur
MNC	Société multinationale
PCN	Parti du Congrès national
ONG	Organisation non gouvernementale
OCHA	Bureau de la coordination des affaires humanitaires (ONU)
ODA	Aide publique au développement
OPEP	Organisation des pays exportateurs de pétrole
PCA	Cour permanente d'arbitrage
SAF	Forces armées soudanaises
SPLM/A	Mouvement/Armée populaire de libération du Soudan
MINUAD	Opération hybride des Nations unies et de l'Union africaine au Darfour
PNUD	Programme des Nations unies pour le développement
PNUE	Programme des Nations unies pour l'environnement
HCR	Haut Commissariat des Nations unies pour les réfugiés
UNMIS	Mission des Nations unies au Soudan
PAM	Programme alimentaire mondial

Carte du Soudan (UNDP CRMA 2010)

1. Introduction

1.1. Impulsion

Juan Pablo Perez Alfonso, the Venezuelan oil minister and co-founder of OPEC, was onto something. In the 1970s, even as the price of oil skyrocketed and brought his country unprecedented wealth, he did not fall for the idea that this was "black gold." He called it "the devil's excrement", in which they were drowning (Fortune Magazine 2003). When talking about natural resource abundance in developing countries, he unfortunately had a point. It is now the growing consensus among economic and political thinkers that oil-rich developing countries are worse off in terms of economic growth than resource-poor ones. The counterLa corrélation intuitive entre l'abondance des ressources naturelles et la croissance économique décalée a été étayée par des preuves empiriques et statistiques qui se sont accumulées dans le cadre de l'hypothèse dite de la malédiction des ressources (Bulte 2005, Gylfason 2001, Isham 2003, Sachs et Warner 1995). Les pays en développement qui ont la chance de disposer de ressources naturelles sont, paradoxalement et à quelques exceptions près, susceptibles de connaître une croissance économique lente, de réprimer leur population et de souffrir de conflits fréquents. La malédiction des ressources est un phénomène plus vaste qu'on ne le pensait auparavant, et bien qu'elle soit principalement un concept économique, la malédiction des ressources a également des implications politiques et sociales qui contribuent et aggravent l'effet négatif que l'abondance des ressources a sur la société (Bulte 2005).

Les universitaires proposent aujourd'hui plusieurs explications aux mauvaises performances économiques. Il existe une pléthore de théories complexes visant à expliquer la prédominance de la malédiction des ressources. La qualité et la force des institutions publiques et privées sont considérées comme les facteurs les plus importants pour déterminer le résultat de la loterie des ressources (Bulte et al. 2005, Mehlum et al. 2006, Sachs et Warner 1997). D'autres facteurs, tels que le niveau et le type de démocratie (Andersen 2008) et le niveau initial des entrepreneurs par rapport aux demandeurs de rentes (Kolstad 2007) ont également montré leur importance dans la transformation des ressources naturelles en développement économique et social durable.

Une conséquence notable de la dépendance aux ressources naturelles est son effet négatif sur la cohésion sociale et la tendance qui s'ensuit à déclencher ou à aggraver les conflits civils. Jusqu'à récemment, les conflits civils étaient largement attribués aux clivages ethniques et religieux dans un pays. Cependant, un nombre croissant d'ouvrages ont exploré les motivations qui sous-tendent les conflits civils armés et ont constaté que les perceptions de distributions économiques injustes et d'opportunités économiques créées par le conflit sont les facteurs les plus susceptibles de pousser les gens à des activités rebelles et violentes (Collier 1999). Cette reconnaissance a eu de grandes implications pour la politique économique publique adaptée par les gouvernements nationaux ainsi que les acteurs internationaux impliqués dans la résolution des conflits. Sans dire qu'il est désormais facile de trouver des voies attrayantes pour la résolution durable des conflits, il est sans doute moins décourageant de faire face à des impératifs économiques que de faire face à la haine ethnique ou religieuse qui peut faire partie d'une société depuis des siècles (Ballantine 2005).

Le Soudan est un excellent exemple des malheurs qui peuvent accompagner la découverte, par ailleurs heureuse, de richesses en ressources naturelles. Hanté par des troubles civils presque continuellement depuis son indépendance en 1956, la découverte de riches réserves souterraines de gaz et de pétrole dans les années 1970 a permis à la fois un développement économique rapide et le financement des rebelles et du gouvernement dans le conflit. Le conflit civil au Soudan ne ressemblait pas à une guerre au sens traditionnel du terme. La grande majorité des victimes n'étaient pas des combattants tués au combat, mais des civils du Sud-Soudan victimes de la famine et de la maladie - produits d'une économie rurale dévastée, d'infrastructures abandonnées et d'un accès limité pour les acteurs humanitaires. En outre, la plupart des combattants des deux camps étaient des Sudistes, des troupes de l'Armée populaire de libération du Soudan (SPLA) ou de l'une des milices soutenues par le gouvernement et issues de tribus rivales du Sud. L'impact de la guerre dans le Nord a donc été relativement faible. En outre, l'ouverture de l'oléoduc reliant les champs pétrolifères du Sud à la côte de la mer Rouge au Nord a permis à la bataille contre le Sud de s'auto-entretenir sur le plan économique.

L'accord de paix global (APG) a été signé en janvier 2005 et prévoit une période intérimaire de six ans, qui conduira à un référendum d'indépendance pour le Sud-Soudan en 2011. Il comprend une constitution provisoire acceptée par les deux parties, un gouvernement d'unité nationale (GoNU) basé à Khartoum, un gouvernement semi-indépendant du Sud-Soudan (GoSS) et des accords pour le partage des richesses (provenant principalement des exportations de pétrole), la sécurité nationale et le désarmement militaire, le partage du pouvoir et la politique monétaire. L'APG est aujourd'hui dans un état fragile. Bien qu'il n'y ait pas eu de retour majeur à la violence, les parties auraient dû mettre en œuvre depuis longtemps un grand nombre des critères stipulés dans l'accord. La fin de la période intérimaire approchant en janvier 2011, il est extrêmement important que des mesures immédiates soient prises pour éviter un retour au conflit.

1.2. Objectifs et questions de recherche

Le Soudan est un excellent exemple pour de nombreuses discussions menées dans la littérature sur les ressources et les conflits, ce qui en fait une étude de cas intéressante pour explorer les causes, les effets et les conséquences de la malédiction des ressources naturelles. Avec son économie dépendante des ressources, son gouvernement oppressif, un passé récent de conflits violents et un choix de politiques économiques sous-optimales, le Soudan constitue un exemple de pays particulièrement sujet à cette maladie. Le Soudan est cependant en mesure de défier la tendance et de devenir plutôt un exemple de pays qui peut profiter pleinement de ses importantes dotations en ressources naturelles. Grâce à la forte implication de la communauté internationale dans la supervision de la mise en œuvre du CPA et au soutien au renforcement des capacités dans le secteur pétrolier, le Soudan est bien placé pour tirer les leçons des erreurs d'autres pays africains ainsi que pour bénéficier des réussites de pays tels que la Norvège et le Botswana. La géographie du Soudan et la localisation de la majorité de ses réserves de pétrole et de gaz dans le Sud-Soudan signifient qu'un retour au conflit sera très coûteux pour les deux parties. Les politiciens du Nord et du Sud-Soudan comprennent de mieux en mieux les pertes monétaires et sociétales qu'entraînerait un retour au conflit violent. Peut-être est-ce en effet la prévalence des ressources naturelles qui peut empêcher les Soudanais de reprendre les armes et maintenir la paix, au bénéfice mutuel du Nord et du Sud-Soudan. En gardant ces facteurs à l'esprit, les questions de recherche auxquelles ce document répond sont les suivantes :

1. *Quel a été l'impact de la découverte et de l'exploitation du pétrole sur les conflits civils au Soudan ?*

Et,

2. *Quelles mesures, le cas échéant, le Soudan a-t-il prises pour lutter contre les effets négatifs du pétrole sur les conflits du pays ?*

1.3. Structure

Le rôle de l'abondance des ressources naturelles dans la croissance économique et sa prévalence dans l'aggravation des conflits civils constitue la toile de fond théorique de ce document de recherche. Une bonne compréhension de ces concepts, ainsi que des mécanismes qui les aggravent et les atténuent, est cruciale pour toute analyse globale spécifique à un cas. Par conséquent, ce document commence la construction analytique en jetant d'abord les bases de la compréhension théorique. Le premier chapitre a donné l'impulsion et défini les questions de recherche et leur pertinence, tandis que le second chapitre réexamine et passe en revue la littérature existante sur la malédiction des ressources et la théorie des conflits, respectivement. Le chapitre 3 décrit la méthodologie de la recherche. Le chapitre 4 examine le contexte dans lequel l'analyse se déroule, en compilant un résumé bref mais complet du Soudan, de son histoire et de sa situation actuelle. Une attention particulière est accordée ici à la nature du conflit et à l'économie du pays, deux éléments importants pour comprendre si le Soudan peut effectivement se remettre de la malédiction des ressources avec un minimum de cicatrices et, si oui, comment il peut le faire. Les chapitres 5 et 6 contiennent l'analyse empirique, qui replace les résultats dans leur contexte. Le chapitre 7 conclut et propose des suggestions pour les recherches futures.

2. Contexte théorique : La malédiction des ressources et le conflit

Avant d'examiner l'histoire et la situation actuelle du Soudan, il faut comprendre les hypothèses théoriques qui sous-tendent la malédiction des ressources et la théorie du conflit. Cela permet de mettre en lumière les complexités des expériences passées et actuelles du Soudan, et d'identifier les solutions appropriées aux problèmes. Ce chapitre fournit le cadre théorique sur lequel s'appuie l'analyse des chapitres 5 et 6.

Les deux ensembles de littérature portent sur des sujets différents, mais liés. Il est important de comprendre la théorie de la malédiction des ressources afin d'identifier les liens par lesquels les ressources naturelles affectent non seulement la croissance économique d'un pays, mais aussi d'autres facteurs socio-économiques. Au Soudan, les causes des conflits civils sont profondément ancrées dans les dynamiques socio-économiques, ethniques et culturelles. Ainsi, l'effet des ressources sur l'économie, l'effet de l'économie sur le bien-être social et l'agrégation de ces facteurs sont quelques-uns des facteurs déstabilisants qui ont contribué à déclencher un conflit violent au Soudan. Les résumés présentés dans ce chapitre informent et organisent l'analyse empirique afin de permettre une meilleure compréhension des différentes raisons et de leur interconnexion.

2.1. Revoir la malédiction des ressources

L'essor des ressources naturelles peut être un important catalyseur du développement dans les pays pauvres, et l'abondance des ressources naturelles devrait intuitivement conduire à une croissance économique accrue pour le pays qui dispose de ces ressources. Toutefois, il a été observé que, de manière contre-intuitive, ces pays connaissent une croissance économique plus faible que les pays disposant de peu ou pas de ressources naturelles. L'expression "malédiction des ressources" a été inventée par Richard Auty en 1993 alors qu'il décrivait les preuves empiriques indiquant ce phénomène. Depuis lors, de nombreuses analyses empiriques et statistiques ont tenté de déterminer s'il existe effectivement une malédiction des ressources et, dans l'affirmative, quels sont les mécanismes responsables de la corrélation négative entre des dotations élevées en ressources naturelles et la croissance économique. L'idée que les ressources naturelles ne sont peut-être pas la convention de la bénédiction aurait existé depuis des siècles (Sachs et Warner 1997). Dans les années 1600, l'Espagne impériale a entamé son déclin malgré ses colonies riches en or. Aux [XIXe] et [XXe] siècles, la Suisse et le Japon, pauvres en ressources, ont devancé des États riches en pétrole comme la Russie. Les "tigres asiatiques" sont un exemple de la fin du [XXe] siècle : Les terres arides de la Corée, de Taïwan et de Hong Kong sont des modèles de développement moderne, tandis que l'Angola, le Nigeria, le Congo et le Soudan, tous trempés dans le pétrole, comptent parmi les pays les plus pauvres et les plus conflictuels du monde. Ce chapitre explique pourquoi il en est ainsi, et ce qui fait que les pays riches en ressources naturelles souffrent de manière disproportionnée de maux sociaux.

La première partie de ce chapitre examine les recherches et la littérature existantes sur l'influence des ressources naturelles sur la croissance économique. Tout d'abord, il souligne les liens que la littérature existante a établis entre les ressources naturelles et la croissance économique, et les conditions institutionnelles et constitutionnelles qui peuvent en déterminer le résultat. La deuxième partie, avant le résumé, décrit les mécanismes par lesquels les effets négatifs allégués traduisent l'abondance des ressources naturelles en une croissance économique bloquée.

2.1.1. Ressources naturelles et croissance économique

i. Abondance contre dépendance

The resource curse is an empirical regularity that has received much attention from scholars of both economic and political backgrounds. A study undertaken by Sachs and Warner (1995) spurred debate by showing statistically that countries with high natural resource endowments experienced poor economic performance because of, not despite, their abundance of natural resources. In their paper "Natural Resource Abundance and Economic Growth", Sachs and Warner presented a pattern showing that countries with an initial high value of resourceLes exportations basées sur le PIB ont eu tendance à connaître une croissance plus lente au cours de la période 1970-1990 (Sachs et Warner 1997). La définition de l'abondance des ressources par rapport à leur dépendance a fait l'objet d'un débat, et un certain nombre d'études ont exploré les différents effets de ces mesures. Brunnschweiler et Bulte (2008) ont fait valoir que la dépendance à l'égard des ressources est un meilleur terme à utiliser lorsqu'il s'agit de discuter de l'effet économique négatif de la richesse en ressources naturelles par opposition à l'abondance des ressources (ressources dans le sol). Le ratio des ressources naturelles dans les exportations est plus une mesure de la dépendance que de l'abondance, et devrait être appelé ainsi car les ressources dans le sol ne posent pas le même problème pour la qualité institutionnelle et la croissance économique que les flux de rentes de ressources (Brunnschweiler et Bulte 2008). Si l'on utilise des mesures qui reflètent plus précisément la dépendance des pays vis-à-vis des ressources naturelles (plutôt que leur dotation absolue, comme le font presque toutes les études précédentes), il est toujours évident que le retard de croissance a un effet négatif sur les économies en développement. Celui-ci se traduit non seulement par un ralentissement de la croissance économique, mais aussi par un risque plus élevé de conflits violents (Collier et Hoeffler 1998 ; Fearon et Laitin 2003), moins de démocratie (Ross 2001) et une pauvreté plus grave (Ross 2003, Sandbu 2006).

ii. Le rôle des institutions

Les pays riches en ressources naturelles sont à la fois gagnants et perdants (Mehlum et al. 2006). La richesse en ressources naturelles n'est donc pas suffisante en soi pour expliquer le lien entre la dépendance aux ressources naturelles et la faible croissance économique. Pour identifier les canaux exacts par lesquels l'abondance des ressources naturelles entrave la croissance économique, il est utile d'examiner les quelques pays qui ont réussi à tirer profit de leur richesse en ressources naturelles sans tomber dans les pièges qui semblent dominer le paysage. Cela nous permet d'identifier les meilleures stratégies pour gérer la richesse en ressources tout en stimulant la croissance des exportations non traditionnelles (Sachs et Warner 1997). Le Chili, la Malaisie et le Botswana sont autant d'exemples montrant qu'il est possible pour les pays en développement de récolter les bénéfices économiques, politiques et sociaux de leur riche base de ressources naturelles.

Le mot clé ici est "institutions". Mehlum et ses collaborateurs (2006) affirment que la principale raison des expériences divergentes de ces pays est la différence de qualité de leurs institutions. Vers la fin des années 1990, la qualité des institutions d'un pays est apparue comme un facteur déterminant pour savoir si un pays serait capable ou non de récolter les bénéfices d'un boom des ressources naturelles. Les institutions des secteurs privé et public se sont révélées très importantes à cette fin, et détermineront le taux auquel les canaux susmentionnés ont un effet négatif ou positif sur la relation entre l'abondance des ressources naturelles et la croissance économique. La variation des performances de croissance est principalement liée à la manière dont les rentes de ressources sont distribuées par le biais des arrangements institutionnels. Thierny (2008) soutient que la dépendance aux ressources semble être un symptôme plutôt qu'une cause du sous-développement - ce qui signifie que la cause va des mauvaises politiques et des institutions faibles à la dépendance aux ressources naturelles, et non l'inverse. Les conflits et les mauvaises politiques créent une forte dépendance à l'égard des exportations de ressources naturelles, ce qui fausse l'économie et fait de l'extraction des ressources le "secteur par défaut" (Thierny 2008). Les effets de cette dépendance ont souvent un effet négatif important sur le développement social et la croissance économique d'un pays.

iii. L'importance de la démocratie

Damania and Bulte (2008) point to the degree of democracy as an important factor in determining whether or not a country will suffer from the resource curse. According to them, the presence or absence of political competition, as well as the potential costs of political transitions, are key elements in the argument concerning which countries are the most vulnerable. They offer two explanations why countries under authoritarian rule are more vulnerable than more democratic countries. One focuses on the number of rent-seekers in the economy, arguing that a large number of rent-seekers will create an unfavourable environment in which a resource boom will trigger a move of labour from production to rentqui entraîne à nouveau une diminution de la croissance globale et une manifestation claire de la malédiction des ressources. Si un pays dispose d'un équilibre initial avec des institutions fortes, un boom des ressources stimulera la production et le revenu national (Damania et Bulte 2008). Un deuxième canal est constitué par les mauvais choix politiques et l'incapacité qui en résulte à gérer correctement les rentes de ressources y est en définitive pour quelque chose. *"Le désir de conserver le pouvoir implique que ces incitations sont fortement atténuées lorsque le régime est confronté à une forte opposition politique. Dans les régimes démocratiques, les excédents disponibles grâce aux dotations en ressources sont plus susceptibles d'être utilisés de manière à promouvoir le bien-être et la croissance"* (Damania et Bulte 2008 : 8). Le type de régime est lié au type et à la qualité des institutions, tant privées que publiques. Cela implique que le degré de démocratie d'une économie a une incidence sur la façon dont les ressources naturelles améliorent ou entravent la croissance économique.

iv. Le type de ressources naturelles

Outre le type et la qualité des institutions, le type de ressources naturelles est un facteur déterminant important lorsqu'il s'agit de traiter les données relatives à la malédiction des ressources. Les "ressources ponctuelles", telles que le pétrole et les minéraux, sont particulièrement liées au phénomène, tandis que les "ressources diffuses", telles que les terres et les produits agricoles, sont moins liées (Kolstad 2007). Auty (2001) soutient que les pays riches en ressources avec des "ressources ponctuelles" comme les champs de pétrole, comme le Soudan, ont tendance à être dominés par des gouvernements oligarchiques factieux et prédateurs qui favorisent des intérêts sectoriels étroits. Par conséquent, les pays bien dotés de telles ressources sont susceptibles d'avoir de mauvaises politiques et de souffrir de politiques qui retardent la transition vers une industrialisation compétitive et la diversification de l'économie (Bulte 2005).

2.1.2. Dépendance à l'égard des ressources et faible croissance - les mécanismes

The low economic growth in Sub-Saharan Africa is highly associated with low schooling, political instability, underdeveloped financial systems, distorted foreign exchange markets, high government deficits and insufficient infrastructure (Easterly and Levine 1997). The resource curse can be linked to all of these through various mechanisms. Gylfason (2001) identifies five main channels of transmission from natural resource dependence to weak economic growth: 1) Deteriorating terms of trade owing to Dutch disease, 2) increased rentla recherche de potentiel, 3) moins d'incitation à une gestion économique favorable à la croissance, 4) moins d'incitation à l'accumulation de capital humain et 5) moins d'incitation privée et publique à l'épargne et à l'investissement (Gylfason 2001 : 5). Le thème transversal de ces cinq thèmes est l'importance d'institutions fortes et efficaces.

i.   **Le syndrome hollandais**

Lorsque les Pays-Bas ont découvert du gaz en mer du Nord dans les années 1960, la croissance soudaine des exportations de pétrole a eu un effet négatif et disproportionné sur la rentabilité des exportations de produits manufacturés. Avec une diminution des exportations manufacturières par rapport au PIB, la désindustrialisation devrait suivre. Dans le cas des Pays-Bas, la désindustrialisation attendue ne s'est pas concrétisée et la proportion des exportations par rapport au PIB a augmenté régulièrement au cours des décennies suivantes. N'étant pas une maladie en soi, le nom est resté et le phénomène a été évoqué en termes de symptômes plus que par rapport à la nature initiale du "patient". En substance, comme le résume Gylfason (2001 : 6), *"un boom des ressources naturelles et l'essor des exportations de matières premières qui en découle ont tendance à faire monter la valeur de la monnaie nationale en termes réels, et peut-être aussi à accroître la volatilité des taux de change et des salaires, avec pour conséquence que les exportations peuvent stagner, voire diminuer par rapport au PIB, ou se détourner de l'industrie manufacturière et des services. "les* Through the various mechanisms of the Dutch disease, natural resource abundance may erode or reduce the quality of social, human and physical capital, and hence hamper economic growth. The first symptom of this 'disease' is an overvalued currency, rendering exports of non biens échangeables sont désavantagés et diminuent désormais en pourcentage du PIB. La figure 1 ci-dessous montre comment l'équilibre se déplace avec l'introduction des produits pétroliers dans le pool d'exportation. Une augmentation des devises étrangères entraîne une appréciation du taux de change réel, ce qui désavantage relativement les produits manufacturés.

15

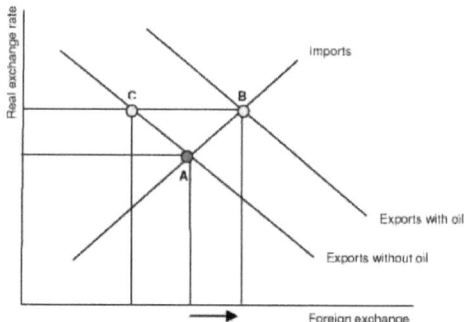

Fig. 1 : Maladie hollandaise. Comment un boom des exportations pétrolières évince les exportations non pétrolières (Gylfason 2001)

En outre, *"la dépendance à l'égard des ressources naturelles tend à aller de pair avec des hausses et des baisses. Les prix et l'approvisionnement en matières premières fluctuent beaucoup sur les marchés mondiaux. (...) Les fluctuations des recettes d'exportation qui en résultent déclenchent la volatilité des taux de change (...). Les monnaies instables créent une incertitude qui tend à nuire aux exportations et aux importations ainsi qu'aux investissements étrangers"*. (Gylfason 2001 : 4). Dans l'ensemble, le syndrome hollandais peut réduire le niveau des exportations totales ou fausser la composition des exportations au détriment des exportations de produits manufacturés et de services. Cela est particulièrement préjudiciable à la croissance économique au fil du temps. Les exportations de capitaux, y compris les investissements directs étrangers entrants, peuvent également en souffrir (Gylfason 2001).

Il existe une pléthore d'exemples de pays qui ont présenté les symptômes de cette maladie. L'Iran, l'Irak, le Mexique, le Nigeria, la Russie, l'Arabie Saoudite et le Soudan sont quelques-uns des pays qui ont fourni un soutien empirique au diagnostic de la maladie néerlandaise. En effet, seuls quatre des 65 pays de l'OPEP ont réussi à obtenir des investissements et une croissance à long terme entre 1970 et 1998. La Norvège est un exemple à noter (Gylfason 2001). Lorsque les riches réserves de pétrole et de gaz situées dans la juridiction norvégienne ont été découvertes pour la première fois à la fin des années 1950, cela a donné lieu à une initiative qui a permis d'élaborer des droits légaux, des lois et des directives sur le pétrole. Avant toute excavation pétrolière en mer du Nord, la Norvège avait fermement établi des accords sur la délimitation des frontières avec le Danemark et le Royaume-Uni, et les réserves de pétrole et de gaz sur le territoire norvégien ont été définies par la loi comme des questions de propriété commune, établissant ainsi les droits légaux du peuple norvégien sur les rentes de ressources. Sur cette base, le gouvernement a absorbé environ 80 % de la rente de ressource au fil des ans. La plupart des revenus pétroliers sont mis de côté dans le fonds pétrolier de l'État. Des principes économiques et éthiques guident l'utilisation et l'exploitation des ressources pétrolières au profit des générations actuelles et futures de Norvégiens. La "règle de consommation" stipule que l'utilisation annuelle des revenus pétroliers par le gouvernement doit être égale aux revenus d'intérêt attendus, soit 4 % du fonds. Un argument en faveur de cette règle est précisément d'éviter le syndrome hollandais, en protégeant l'économie nationale d'un afflux excessif d'argent pour éviter la surchauffe et le gaspillage, et d'éviter la dépendance directe des revenus pétroliers et donc d'exposer l'économie aux fluctuations du marché mondial. La Banque centrale gère le fonds au nom du ministère des finances, ce qui garantit la distance entre les hommes politiques et le fonds. Le Botswana est un autre exemple de pays qui a réussi à éviter la malédiction des ressources qui est souvent citée. En raison de la nature de ses gisements de diamants, de la force relative et du faible niveau de corruption de son gouvernement, il a grandement bénéficié de la richesse en ressources naturelles que lui ont procurée ses petits joyaux brillants.

ii.   Recherche de location

Un deuxième canal par lequel l'abondance de la richesse en ressources naturelles peut se manifester par une croissance économique négative est la recherche de rentes. Cette question a été longuement débattue dans la littérature existante sur la malédiction des ressources, notamment par Damania et al. (2008), Kolstad (2007), Humphreys (2005) et Baland et François (2000). Le nombre de chercheurs de rente dans une économie aide à déterminer si l'augmentation de la valeur du stock de ressources intérieures augmentera ou diminuera le revenu global. Si l'économie est caractérisée par un faible nombre de demandeurs de rente, elle présente un environnement favorable à la croissance et il est probable qu'un boom conduira à une croissance économique rapide. Au contraire, si les chercheurs de rente dominent l'économie, on peut s'attendre à l'inverse (Damania et Bulte 2008). Un boom des ressources déclenche un déplacement de la main-d'œuvre de la production vers la recherche de rentes, ce qui entraîne une diminution de la croissance globale. Les entrepreneurs peuvent choisir entre la recherche de rentes et les activités de production. Dans les pays où les institutions sont de grande qualité, un boom des ressources conduira à un équilibre où tous les entrepreneurs sont des producteurs. Une qualité institutionnelle faible, en revanche, conduit à une situation où une partie des entrepreneurs sont des chercheurs de rente. Le modèle de recherche de rente met l'accent sur les institutions du secteur privé, telles que l'État de droit, l'efficacité bureaucratique, le risque d'expropriation et la répudiation des contrats (Kolstad 2007). Baland et François (2000) soulignent que le coût d'opportunité de la recherche de rente est un manque d'esprit d'entreprise, et que la capacité d'un pays à bénéficier d'un boom des ressources naturelles dépend de la nature de l'équilibre initial. La question de savoir si une augmentation des rentes de ressources naturelles engendre une recherche de rentes plutôt qu'un esprit d'entreprise dépend de la proportion d'agents déjà engagés dans des activités entrepreneuriales par rapport au nombre d'agents engagés dans des activités de recherche de rentes (Baland et François 2000).

iii.   La mauvaise gestion économique

L'incapacité souvent observée des pays en développement à gérer correctement les rentes de ressources est en fin de compte due aux mauvais choix politiques de ces pays (Damania et Bulte 2008). Damania (2008) observe que les pays riches en ressources naturelles choisissent plus souvent qu'autrement des politiques qui retardent la transition vers une industrialisation compétitive et la diversification de l'économie. Les rentes élevées sur les ressources naturelles peuvent, et c'est souvent le cas, supprimer indirectement les incitations d'un gouvernement à se réformer, à améliorer ses infrastructures ou à mettre en place des bureaucraties fiscales fonctionnelles et équitables. Là encore, des institutions faibles ont une valeur explicative importante pour la malédiction des ressources. En 2007, John Ghazvinian a été cité en disant qu'*"il n'y a pas d'incitations pour un gouvernement riche en ressources à faire ce qui est juste"* (Knowledge@Wharton 2007 : 1). Les rentes provenant des ressources naturelles créent des contrastes frappants et tendent à enrichir une clique liée politiquement et économiquement sans nécessairement fournir des avantages économiques plus larges ou même employer une grande partie de la population locale.

Un boom des ressources naturelles peut conduire à une augmentation du clientélisme, c'est-à-dire à l'attribution de ressources et de positions de l'État à des clients pour acheter leur vote et leur soutien et ainsi maintenir le pouvoir (Kolstad 2007), et donc entraîner des inefficacités dans le secteur public. Une telle mauvaise répartition de la richesse en ressources naturelles peut avoir des effets sociaux perturbateurs (Humphreys 2005). La répartition des richesses est susceptible d'être perçue comme injuste dans les zones proches des sites d'extraction, où les populations sont les plus touchées par les impacts environnementaux, économiques, sociaux et sécuritaires de l'activité d'extraction. D'autres griefs dans ces zones sont causés par l'iniquité perçue dans l'extraction et les opportunités d'emploi liées à l'extraction pour la population locale, et par la façon dont la sécurité est assurée aux opérations d'extraction sur le terrain (Humphreys 2005). Le modèle de patronage se concentre sur les institutions du secteur public.

iv. L'affaiblissement des incitations à investir dans le capital humain

Une forte dépendance des ressources naturelles pour le revenu national peut amener les dirigeants à s'asseoir et à adopter une approche passive pour investir dans le développement à long terme de leur pays. Cet excès de confiance conduit à se concentrer sur le court terme et à négliger l'investissement à long terme dans le capital humain, comme l'éducation et la formation, ce qui rend le développement non durable et inévitablement à court terme par défaut. Il est de la responsabilité des politiciens d'investir les revenus dans l'éducation et les infrastructures. L'éducation est cruciale pour stimuler la croissance en dehors du secteur des ressources, comme dans les secteurs manufacturier et des services, pour réduire la dépendance au pétrole, par exemple. Les exemples asiatiques de la Malaisie, de l'Indonésie et de la Thaïlande montrent que si les gouvernements investissent massivement dans le développement du capital humain, l'impulsion donnée par les revenus des ressources naturelles peut effectivement contribuer à "relancer" l'économie et même fournir une base pour un développement durable à long terme. Si l'on considère les pays qui ont réussi à sortir de la pauvreté et de la stagnation du développement au cours de la dernière moitié du XXe siècle, ce sont sans exception les pays qui ont stratégiquement et avec succès canalisé leurs revenus, qu'ils proviennent des ressources naturelles ou de l'industrie manufacturière, vers l'éducation et la formation professionnelle ciblée.

Le non-engagement des sociétés multinationales (EMN) dans la politique intérieure impose au gouvernement national l'entière responsabilité de garantir une utilisation et un investissement responsables des revenus du pétrole. En outre, lorsque le gouvernement dépend moins de ses citoyens pour ses revenus, il dépend également moins d'eux en termes de responsabilité et de légitimité, ce qui réduit la nécessité pour le gouvernement de "rendre" les impôts payés par ses citoyens. Les inefficacités du secteur public découlant de l'affectation des ressources et des positions de l'État aux clients pour acheter leurs votes et leur soutien entraîneront une distorsion des dépenses au détriment de l'investissement à long terme dans le capital humain et les biens publics. Cela dépend de la qualité des institutions qui régissent l'utilisation des ressources du secteur public (Kolstad 2007).

v.   L'affaiblissement des incitations privées et publiques à l'épargne et à l'investissement

L'explosion des ressources dans les économies dépendantes des ressources a tendance à entraîner un comportement dysfonctionnel de l'État, en particulier des secteurs publics importants et des politiques budgétaires non durables (Robinson et al. 2005). Bien qu'elle soit une bénédiction sur le papier, l'abondance des ressources permet aux pays de conserver des politiques économiques médiocres au lieu de politiques qui seraient souhaitables et/ou durables (Atkinson et les Hamilton 2003). Although it is exactly when an economy is dependent on highly volatile income such as oil revenue one needs to save for a rainy day, the tendency among highly oilpays dépendants semblent montrer le contraire. L'écart-type des prix du pétrole a été de 30 à 35 % par an. Si le pétrole représente 20 % du PIB, un choc d'écart-type du prix du pétrole signifie un choc de revenu de 6 % du PIB (Hausmann et Rigobon 2002). Les pays en développement dont la richesse en ressources naturelles a été récemment découverte ont tendance à avoir un taux de dépendance du pétrole par rapport au PIB encore plus élevé que cela. Le Nord du Soudan, par exemple, dépend des revenus pétroliers pour environ 65 % de son revenu national, alors que le chiffre équivalent pour le Sud du Soudan est de 96 %, un chiffre stupéfiant. La vulnérabilité du Nord et du Sud-Soudan en cas de chute des prix du pétrole est extrêmement élevée.

2.2.   Théorie des conflits

Le lien entre les ressources naturelles et les conflits est un autre moyen par lequel une augmentation de la richesse en ressources naturelles peut avoir un effet dévastateur sur un pays. Bien qu'elle ne soit pas une conséquence économique de la dépendance aux ressources naturelles en soi, la richesse en ressources naturelles peut déclencher ou prolonger des conflits déjà existants. La nature des conflits civils, leurs acteurs et leurs motivations ont été largement débattus et analysés, de même que les implications politiques et les recommandations pour la communauté internationale et les pays touchés (Berdal et Malone 2000, Binningsbo et al. 2007, Collier 2003, Humphreys 2005, Keen 2001). Il est essentiel de comprendre les motivations et les mécanismes des conflits civils pour relever les défis et saisir les opportunités qui se présentent au Soudan pour combattre son passé violent et s'engager sur une voie non violente vers le développement économique et social et la prospérité.

Ce chapitre passe en revue la littérature existante sur ce sujet, et fournit une image de fond de la théorie des conflits pour le reste du document de recherche. En examinant les motivations et les causes des conflits civils, ce chapitre reflète le consensus académique actuel selon lequel les différences ethniques, religieuses et culturelles sont des variables explicatives clés des conflits, qui passent après les incitations économiques. La section suivante aborde trois approches, chacune visant à expliquer les motivations et les fonctions des conflits civils. La deuxième partie examine les conséquences et l'impact des conflits civils, tandis que la troisième et dernière partie se penche sur la fin et les suites du conflit.

2.2.1. Causes, motivations et fonctions des conflits civils

Le type de conflit est étroitement lié aux motivations qui le sous-tendent, à sa durée et à sa gravité. La plupart des conflits civils récents s'écartent généralement de manière significative du modèle conventionnel d'une bataille entre deux parties (Keen 2001). Plusieurs tendances sont apparues au cours des dernières décennies. La coopération entre les groupes armés est souvent importante et le gain d'argent est devenu un objectif important et de plus en plus prépondérant dans la guerre. Un objectif majeur dans les conflits contemporains a été d'affaiblir ou d'éliminer la position politique de vos opposants, et les génocides et les massacres ont été utilisés comme outils de survie politique et d'affaiblissement de l'opposition. Les conflits au Soudan en sont de bons exemples. L'idée que le conflit est bipolaire, ce sur quoi les médias ont tendance à jouer, solidifie les divisions ethniques en les prenant comme un fait acquis, plutôt que de remettre en question l'importance de l'ethnicité.

Up until the 1990s, researchers widely held the belief that the main causes of civil war lied in the intrinsic divisions between groups from different religious, ethnic or cultural backgrounds (Berdal and Malone 2000). Differences in value systems, geographical belonging, and the feeling this generated of a notion of 'us' and 'them' were believed to be the deciding factors in explaining the causes and motivations of violent conflict. This view was increasingly challenged during the 1990s, when a growing body of academics provided important insight into the political economy of civil conflict. However, although there is considerable consensus that economics plays an important role in causing and maintaining conflict, there are different views regarding how it matters and how important it is compared to other political and socioles facteurs culturels (Ballantine et Nitschke 2005).

Trois approches ont pris une place prépondérante dans la recherche universitaire récente, chacune ayant des explications différentes quant au pourquoi et au comment de l'économie et, par conséquent, chacune a des implications distinctes pour l'élaboration des politiques. La première considère les facteurs économiques comme un moyen de soutenir la compréhension des causes et

21

de la dynamique complexes de la guerre civile en soutenant que la violence et l'instabilité remplissent souvent toute une série de fonctions politiques, sociales et économiques pour les individus (Berdal et Keen 1997). C'est ce que l'on appelle l'approche fonctionnaliste. La seconde approche est basée sur la dichotomie de Paul Collier "avidité et griefs" (Collier 2000). Collier soutient que l'économie fournit le principal cadre explicatif pour comprendre la guerre civile, en se basant sur l'observation que les motivations et les opportunités économiques sont plus positivement corrélées avec le début du conflit que les griefs ethniques, socio-économiques ou politiques. Collier a constaté que l'inégalité, le manque de démocratie et les divisions ethniques et religieuses n'ont en effet aucun effet systématique sur le risque de conflit (Collier 2000). La troisième approche cherche à expliquer la relation entre les ressources naturelles et le début et la durée des conflits armés, en examinant notamment la manière dont les ressources naturelles sont exploitées et comment elles peuvent bénéficier aux différents acteurs du conflit.

i.   L'approche fonctionnaliste

The functionalist approach looks at the economic functions that violence, sometimes counter-intuitivement, peut avoir dans un conflit armé. Cette approche reconnaît que le conflit civil n'est pas nécessairement un symptôme de dysfonctionnement. Au contraire, les conflits civils remplissent toute une série de fonctions économiques, politiques et sociales (Ballantine et Nitzschke 2005) et constituent une *"continuation de l'économie par d'autres moyens"* (Keen 1998). Il existe des intérêts économiques particuliers dans la poursuite des conflits qui doivent être pris en compte par les décideurs politiques et les travailleurs humanitaires travaillant à la résolution des conflits. Ballantine et Nitschke (2005) décrivent quatre voies différentes dans lesquelles les parties prenantes d'un conflit civil tirent en fait un bénéfice financier du conflit. Premièrement, les rebelles et les soldats du gouvernement exploitent les communautés civiles par des moyens traditionnels de pillage et de rapine. Deuxièmement, le commerce des ressources naturelles lucratives dont bénéficient tant de pays en développement peut financer la rébellion et fournir au gouvernement les fonds nécessaires pour poursuivre le combat. Qui en profite le plus dépend du type de ressources naturelles disponibles, et notamment de leur facilité d'accès et de leur facilité d'extraction. Troisièmement, les envois de fonds reçus de la diaspora, des personnes déplacées par le conflit et d'autres personnes. Quatrièmement, la captation de l'aide étrangère (Ballantine et Nitzschke 2005). Grâce à ces canaux, de nombreuses guerres civiles sont devenues de plus en plus autofinancées par nature.

L'approche fonctionnaliste suggère plutôt que cette transition ne devrait pas être comprise comme une rupture nette de la violence vers la non-violence, mais plutôt comme un réalignement des intérêts politiques et un réajustement des stratégies économiques (Berdal et Keen 1997). Nombre des accords de paix négociés dans les années 1990 visaient un "règlement politique global", suggérant essentiellement qu'il devrait y avoir une fin définitive au conflit et à la violence et une transformation de la "guerre" en "paix" (Keen 2001). La reconnaissance de ce changement d'approche nécessite une attention accrue aux motivations économiques qui sont à l'origine du conflit.

ii. Avarice et griefs

Les recherches de Collier (2000) sur les motivations des conflits civils violents sont peut-être les plus importantes dans la littérature sur les aspects économiques des conflits civils aujourd'hui. Collier souligne les quatre points qu'il appelle le récit du conflit. 1) L'expression d'une haine religieuse ou ethnique brute, 2) l'inégalité économique, 3) l'absence de droits politiques et 4) l'incompétence économique du gouvernement (Collier 1999). Pour déterminer ce qui motive le conflit, Collier met en balance deux idées. Est-ce que ce sont les griefs, causés par l'inégalité économique, la marginalisation sociale et politique, la pauvreté et la discrimination ethnique qui poussent les gens à faire la guerre ? Ou plutôt est-ce l'avidité : des gens motivés par la perspective d'un gain économique ?

Collier constate que les griefs, en tant que cause de conflit, sont en fait statistiquement insignifiants. On a tendance à attribuer le conflit à des sentiments d'animosité ou, plutôt, de chagrin. Collier explique ses conclusions en examinant le "problème de l'action collective" (Collier 1999). Le fait que l'allégement des griefs, comme l'amélioration de la justice, la vengeance et le soulagement des griefs, soient des biens publics signifie qu'ils font l'objet d'un parasitisme parmi les masses. Pour que la population puisse en bénéficier, seule une minorité doit participer à la rébellion. Par conséquent, beaucoup choisiront de ne pas y participer simplement parce qu'ils n'y sont pas obligés pour en récolter les bénéfices.

D'autre part, les conflits civils créent des opportunités substantielles de profit économique pour les participants. La vie pendant un conflit a tendance à être beaucoup moins prévisible, ce qui réduit d'autant l'horizon de planification des gens. L'épargne pour les dépenses futures et le remboursement des prêts deviennent des calculs théoriques qui ne semblent plus pertinents lorsque l'on vit dans un environnement très insécurisé. Les pays touchés par un conflit violent ont tendance à connaître des taux de criminalité plus élevés, parallèlement à une diminution des dépenses consacrées aux institutions et à l'application de l'État de droit. Les marchés sont perturbés et les rares personnes capables de poursuivre leurs activités profitent des mécanismes imparfaits du marché, avec une augmentation des oligopoles et des monopoles. Enfin, mais cela reste important, les possibilités de prédation par la recherche de rente sur le commerce augmentent tant pour les rebelles que pour le gouvernement national (Collier 1999). En bref, les guerres civiles créent des opportunités de profit qui n'existent pas en période de paix. Essentiellement, l'opportunisme se nourrit des conflits (Berdal et Malone 2000).

La thèse de la cupidité et des griefs a été vivement critiquée en raison de ses lacunes méthodologiques et analytiques. Premièrement, la thèse déduit les motivations individuelles à partir de corrélations statistiques (Ballentine et Sherman 2003). Si certaines parties prenantes peuvent participer à des économies de guerre pour "bien s'en sortir", d'autres peuvent le faire par nécessité de survivre, ou peuvent être contraintes de travailler et de posséder des terres. Deuxièmement, la thèse est fortement "centrée sur les rebelles", négligeant le rôle de l'État à la fois comme acteur et comme institution dans la cause ou la prolongation du conflit. Troisièmement, la thèse ne fait pas la distinction entre les entreprises criminelles violentes et la rébellion. Le fait de considérer la rébellion comme une simple activité criminelle plutôt que politique a de graves implications pour les solutions diplomatiques. Quatrièmement, la structure des possibilités de rébellion ne dépend pas de la disponibilité des ressources en soi. La corruption, la répartition inéquitable des rentes de situation et l'exclusion des groupes minoritaires peuvent également créer des conditions propices au déclenchement d'un conflit. Cinquièmement, et enfin, si la disponibilité de ressources naturelles lucratives a des conséquences importantes sur la dynamique des conflits, des études suggèrent que les motifs économiques d'auto-enrichissement et les opportunités économiques de mobilisation des insurgés ne sont pas la seule cause de conflit. Le déclenchement d'un conflit tend plutôt à être déclenché par l'interaction entre les motifs et les opportunités économiques et les griefs socioculturels, politiques et économiques (Ballentine et Sherman 2003). Cela étant dit, l'approche "cupidité et griefs" a apporté d'importantes contributions à l'étude de la guerre civile et à l'élaboration des politiques. Il est important de noter qu'elle a fait des guerres civiles un sujet de recherche économique au-delà de la mesure des coûts de la guerre et de la paix. Enfin, l'accent mis sur le rôle de la richesse en ressources naturelles plutôt que sur la rareté comme cause permissive des conflits armés fournit un nouveau cadre explicatif important pour les études sur la guerre et la paix, et souligne le potentiel de prévention des conflits des politiques de développement qui ciblent des stratégies de diversification économique (Ballentine et Nitzschke 2005).

iii. Le rôle des ressources naturelles dans les conflits

Un cadre analytique important et particulièrement utile dans le cas du Soudan (et d'autres pays dépendant des ressources naturelles) consiste à examiner l'impact sur la dynamique des conflits de différents types de ressources naturelles. Le type de ressources naturelles, ainsi que la manière dont ces ressources sont exploitées et dont les bénéfices qui en sont tirés profitent aux différents acteurs des conflits civils, sont autant de facteurs importants à prendre en compte pour qu'une analyse complète des conflits puisse avoir lieu.

L'abondance des ressources naturelles ajoute à la nature déjà compliquée des conflits civils, et est un facteur central pour comprendre la dynamique des situations d'urgence complexes comme celle à laquelle le Soudan est confronté. Les ressources naturelles peuvent avoir des effets unificateurs ou fragmentaires sur les allégeances politiques et les structures militaires, selon les motivations des combattants et le type de ressources (Humphreys 2005). Humphreys énumère cinq modalités par lesquelles les ressources naturelles sont liées aux conflits (2005) : 1) recherche de rente, 2) griefs, 3) instabilité économique, 4) financement du conflit et 5) détérioration de la paix. En termes d'avidité, les ressources peuvent créer des gains personnels pour les acteurs qui exploitent ce qu'ils ne pourraient pas faire en paix, ainsi qu'induire un comportement de recherche de rente chez les politiciens. Les griefs peuvent être causés par une distribution injuste de la richesse en ressources, et les terminaisons de conflit doivent prêter attention à la distribution post-conflit de cette richesse (Binningsboe et Rustad 2007). Dans le cas du Soudan, le conflit entre le Nord et le Sud du Soudan n'a pris fin que lorsqu'un accord de partage des richesses a été mis en place entre les principaux acteurs du conflit. Les richesses provenant des ressources naturelles peuvent facilement être monopolisées par les élites nationales, ce qui entraîne trois types de risques de conflit distincts : 1) les rebelles peuvent être amenés à recourir à la violence pour prendre le contrôle de l'État afin de s'emparer de ces rentes, 2) l'utilisation des richesses par les élites peut être perçue comme corrompue et 3) les États qui ont accès à d'importantes sources de revenus provenant de sources extérieures ont souvent des structures de gouvernance faibles (Humphreys 2005).

Les différents types de ressources naturelles ont des effets différents sur les conflits civils. Si les ressources d'un pays sont des ressources pillables (telles que les pierres précieuses alluviales, les cultures de narcotiques, le bois et le coltan), facilement exploitables et transportables, le risque est plus grand que le conflit soit prolongé par les groupes de combattants (Ballantine et Nitzschke 2005). Dans le cas de ressources invisibles (diamants kimberlitiques, minéraux de puits profond, pétrole, gaz naturel), cependant, les coûts économiques, sociaux et environnementaux sont supportés par les communautés dans les zones d'extraction, ce qui suscite des griefs locaux. Les bénéfices de cette richesse tendent à revenir au gouvernement central et aux compagnies pétrolières internationales, et le dénuement économique peut alimenter le ressentiment local et alimenter la violence séparatiste (Ballantine et Nitzschke 2005).

2.2.2. L'impact du conflit

Il ne fait aucun doute que la guerre civile et les conflits violents ont des effets néfastes sur la société - perte de vies humaines, détérioration économique, cohésion sociale et dégâts environnementaux, pour ne citer que quelques impacts. Dans son document de 2003, "Breaking the Conflict Trap", Collier énumère les coûts des conflits, répartis en coûts économiques et coûts sociaux. Il est important de noter que ceux-ci s'influencent mutuellement et que les coûts sociaux ont des retombées sur les effets économiques. Il y a une "double perte" de ce que les ressources contribuaient auparavant et la perte des dommages qu'elles infligent maintenant. Par exemple, si quelqu'un quitte son entreprise de mécanique pour rejoindre l'armée, la perte est ressentie par l'absence de son entreprise ainsi que par la contribution directe de son combat à d'autres pertes humaines et physiques. La destruction directe des infrastructures est la perte la plus évidente, mais les effets négatifs de la violence par l'augmentation des coûts due à la peur que la violence génère inévitablement (Collier 2003) peuvent également être importants. Cette section examine l'héritage économique et social des conflits civils.

i. Impact économique des conflits civils

L'effet le plus évident des dommages d'une guerre sur l'économie se traduit par la destruction des ressources, qu'elles soient humaines ou physiques, et par un désordre social souvent concomitant. Dans la mesure où la guerre civile a une justification politique, elle est un catalyseur du progrès social. Les conséquences économiques les plus immédiates et les plus concrètes se situent au niveau du taux de croissance du PIB, et non pas seulement au niveau. Les politiques économiques, les institutions politiques et la liberté politique se détériorent très probablement (Collier 2003), ce qui entraîne un détournement des dépenses publiques, une désépargne et une substitution de portefeuille, le tout aggravant le cercle vicieux de la guerre civile. Il existe deux sources principales d'effondrement de la croissance : 1) la réduction de l'investissement intérieur (plus privé que public) et 2) les effets négatifs sur le solde budgétaire du gouvernement (Imai et al. 2000). Comme les guerres civiles sont souvent menées selon des lignes idéologiques, de fortes incitations aux dépenses déficitaires sont créées (en raison des préférences différentes des gouvernements) (Imai

26

et al. 2000). Il est nécessaire de tenir compte des variations dans l'ampleur et la portée du conflit, car la répartition géographique est un facteur important dans le calcul des pertes économiques causées par le conflit (Imai et al. 2000).

The loss of social capital is another enduring legacy of conflict (Collier 2003). There tends to be expectations of corruption rather than honesty, which further disrupts social cohesion and trust in the ruling elites. Both of these factors mean that rapid economic recovery to preLe niveau de conflit est peu probable.

ii. Impact social des conflits civils

In addition to the economic and political legacy, civil conflict also leaves behind a trail of social destruction. First, increased mortality rates, which is the most easily and accurately measured indicator in emergency settings (Collier 2003); disruptive health effects such as 'technical regress' (changes in living conditions that make staying healthy more difficult); and decreased government expenditure on public health have adverse effects on the long term health levels of the population. In addition to this, the spread of HIV/AIDS and other sexually transmitted diseases, the psychological damage suffered by victims and inadequate postLes établissements de santé mentale des conflits, ainsi que les mines terrestres, causent de grandes souffrances longtemps après l'effondrement d'un conflit violent (Collier 2003).

Les coûts sociaux comprennent les décès et les déplacements de population. Comme mentionné précédemment, la nature des combats a considérablement changé au cours du siècle dernier et ne peut plus être décrite comme des conflits essentiellement bipolaires dans lesquels les affrontements sont dominés par un engagement de soldat à soldat. Au début des années 1900, 90 % des victimes étaient des soldats (Collier 2003), tandis que dans les années 1990, 90 % des victimes étaient des civils (Cairns 1997). La grande majorité des victimes du conflit au Soudan étaient des civils (Amnesty International 2000). Cette augmentation du nombre de victimes civiles est une conséquence des nouvelles pratiques militaires, ainsi que du changement de nature du conflit. La guerre intra-étatique implique des combats entre des groupes qui peuvent ne pas être facilement distinguables les uns des autres, ou qui se mêlent intentionnellement à la population civile. Cela signifie que l'effet direct des pertes en vies humaines s'est étendu au-delà des soldats de métier, à ceux qui occupent des postes productifs au sein de la société. Quelle que soit la manière dont on l'envisage, les coûts économiques du conflit sont dévastateurs et sont encore aggravés par les coûts sociaux.

27

2.2.3. L'après-conflit - quelle paix, et pour qui ?

Compte tenu de tout ce qui précède, le maintien de la paix dépendra du fait que les groupes qui profitent de la paix seront plus influents que ceux qui profitent du conflit (Berdal et Malone 2000). Si les incitations économiques au conflit changent, elles peuvent réduire considérablement la fréquence et la gravité des incidents. Afin d'entamer une discussion sur les conditions préalables nécessaires pour mettre fin à un conflit, il est crucial de comprendre la dynamique unique et complexe qui se cache derrière chaque conflit (Keen 2001). Keen (2001) identifie un certain nombre de facteurs qui sont importants pour une résolution et une prévention réussies des conflits. La justice est essentielle pour mettre fin au climat d'impunité. La reconstruction et le développement doivent avoir lieu pour donner de l'espoir aux gens et mettre fin à la folie de la violence. Il est important de passer à la démocratie ou de la réintroduire, car elle permettra de donner du pouvoir aux opprimés et de contenir les dirigeants. En fin de compte, un cessez-le-feu effectif est nécessaire pour renforcer les négociations de paix et instaurer la confiance (Keen 2001). La question est de savoir si les acteurs au centre d'un conflit ont un intérêt dans ce qui précède. À qui appartient la paix et dans quel intérêt ? Ce sont là des questions importantes à poser lors de la négociation de la fin d'un conflit civil violent de longue durée. Si l'on prend à nouveau l'exemple du Soudan, l'accord de paix de 1997 a été signé par le gouvernement soudanais à Khartoum avec les factions sud-soudanaises auxquelles il était déjà lié, à l'exclusion de l'APLS. Étant donné le rôle central de l'APLS dans le conflit, cette exclusion évidente n'a pas été facilement ignorée et a marqué une escalade dans le conflit. Pour avoir une chance d'obtenir une paix durable, il faut un accord entre des dirigeants qui sont des individus légitimes capables de maintenir un courant qui englobe tous les secteurs importants de la population.

Comment empêcher les populations de retourner à la violence une fois qu'une situation de paix relative a été atteinte est un autre domaine qui a reçu beaucoup d'attention académique. L'établissement de la paix est financièrement beaucoup plus rentable que le maintien de la paix (Chalmers 2010) et favorise la croissance économique, deux éléments qui devraient être présents à l'esprit des donateurs et des gouvernements nationaux lors de la conception de politiques de développement socio-économique à long terme. En outre, Collier (2001) montre que les pays qui ont connu la paix pendant dix ans ou moins ont une probabilité beaucoup plus grande de retourner au conflit que les pays qui ont connu la paix pendant de plus longues périodes. Plus le temps écoulé depuis la fin d'un conflit violent est long, moins la probabilité d'un retour à la violence est grande. La confiance accrue des investisseurs étrangers permettra de canaliser les fonds dont le pays a tant besoin et, si des politiques socio-économiques saines sont adaptées, la population dans son ensemble bénéficiera des dividendes de la paix qui décourageront davantage un retour à la violence.

2.3. Résumé

Il est clair que sans un contexte d'institutions fortes et de politiques économiques saines, l'abondance des ressources naturelles est une malédiction déguisée. Une dépendance à l'égard du capital naturel peut éroder ou réduire la qualité du capital social, humain et physique, et faire ainsi obstacle à une croissance économique durable. Il est toutefois important de souligner que le problème n'est pas les ressources naturelles elles-mêmes, mais plutôt l'incapacité du gouvernement à éviter les dangers that accompany them. Numerous countries have managed to avoid the negative consequences high natural resource endowments bring with them. The literature points to the quality of institutions as key in enabling developing countries to reap the benefits of a natural resource boom. Affecting this again is the degree of democracy and initial equilibrium of rentet la corruption.

En utilisant les méthodes de choix rationnel dans l'analyse des conflits, les modèles fonctionnaliste et cupide de la guerre civile offrent tous deux de puissants contre-arguments aux explications de conflit fondées sur la "haine ancienne". Chacune des causes, variations et solutions des conflits est interdépendante et soumise à la nature unique de chaque conflit. Ce qui est clair, et soutenu par la littérature, c'est la prévalence des motivations économiques derrière les conflits. La reconnaissance des facteurs économiques et politiques comme étant les principaux moteurs des conflits violents a permis de dégager un certain nombre d'idées importantes sur l'économie politique de la guerre civile, ce qui implique que les facteurs économiques peuvent avoir autant à dire sur la détermination du déclenchement et de la durée des guerres civiles que les anciennes dynamiques ethniques et culturelles. Ainsi, dans nombre de situations d'urgence complexes actuelles, les considérations économiques, sociales et environnementales doivent recevoir une attention adéquate lorsqu'on s'efforce de résoudre les conflits et de négocier entre des factions belligérantes qui ont toutes des intérêts économiques dans la poursuite de la violence et de l'anarchie qui accompagnent les conflits civils.

C'est l'interconnexion entre les facteurs économiques et les conflits dont il est question dans ce chapitre qui fait que l'impact de la malédiction des ressources va au-delà de la simple économie. Sur la base de ce qui précède, on peut tirer un certain nombre de propositions clés concernant l'impact des ressources naturelles sur la dynamique socio-économique d'un pays, et la façon dont cela est lié à un conflit violent. Elles sont divisées en deux parties, reflétant la structure des questions de recherche et de l'analyse documentaire. La première concerne les facteurs déterminants de l'impact de la richesse en ressources naturelles et les mécanismes par lesquels la malédiction des ressources affecte l'économie. La seconde se réfère aux trois approches expliquant les motivations et les fonctions des conflits civils, à savoir l'approche fonctionnaliste, la cupidité et les griefs et le rôle des ressources naturelles. Elles guident l'analyse de la situation actuelle au Soudan et constituent le cadre analytique de la partie empirique de ce document de recherche.

3. Méthodologie

L'objectif de ce document est d'utiliser les théories universitaires existantes afin de mieux examiner l'effet des ressources naturelles du Soudan sur la situation socio-économique du pays. Afin de relier efficacement la théorie et l'étude de cas, et de répondre de manière réfléchie et complète aux questions de recherche posées dans l'introduction, une stratégie de recherche appropriée doit être définie. Étant donné la nature des questions de recherche, la méthodologie choisie pour cette recherche est une combinaison d'induction et de déduction, avec ses fondements philosophiques dans l'approche post-positiviste. La conception et les méthodes de recherche sont conformes à cette approche, en utilisant l'approche des études de cas avec une collecte de données axée sur des entretiens approfondis et une analyse qualitative. Ce chapitre commence par une réflexion sur les philosophies de la science et le choix de l'approche de recherche qui sous-tendent les recherches menées. Il détaille ensuite les stratégies et les méthodes qui guident l'analyse, avant de décrire la collecte et l'analyse des données et les contributions à la connaissance de cette recherche.

3.1. Philosophie de la science : Post-positivisme

Afin de faire un choix éclairé concernant les méthodes de recherche, il est important de comprendre non seulement les implications pratiques de chaque méthode, mais aussi les philosophies qui les sous-tendent. Le débat sur le niveau philosophique de la recherche porte sur les hypothèses concernant les caractéristiques les plus générales du monde, telles que la nature de la vérité de la connaissance. La nature indirecte du questionnement philosophique est utile car elle encourage une réflexion approfondie, et aide également à clarifier les hypothèses liées aux valeurs personnelles du chercheur (Crossan 2010). Selon Easterby-Smith et al. (1997), il y a trois raisons pour lesquelles l'exploration de la philosophie peut être significative dans l'évaluation de la méthodologie de recherche. Premièrement, elle aide le chercheur à définir et à spécifier la stratégie de recherche globale à utiliser dans une étude. Deuxièmement, elle permet au chercheur d'évaluer différentes méthodologies et d'identifier les limites d'approches particulières à un stade précoce. Troisièmement, elle aide le chercheur à être créatif et innovant dans le choix ou l'adaptation des méthodes afin d'optimiser le bénéfice de son choix de méthodes (Crossan 2010).

Les approches philosophiques du positivisme et du post-positivisme représentent les extrêmes de la philosophie de la recherche. L'approche positiviste de la recherche suppose que les choses peuvent être étudiées comme des faits réels et que la relation entre ces faits réels peut être établie comme des lois scientifiques. Elle suppose qu'une réalité objective indépendante du comportement humain existe et suggère que toute connaissance réelle peut être dérivée de l'observation humaine de la réalité objective. En revanche, l'approche post-positiviste suppose une réalité qui est subjective et construite par les individus, reconnaissant ainsi la relation complexe entre le comportement individuel, les attitudes, les structures externes et les questions socioculturelles (Crossan 2010). L'approche post-positiviste est choisie pour cette recherche. En utilisant des méthodes de recherche qualitatives, il est possible d'étudier en profondeur un petit échantillon au fil du temps et d'établir une "assertivité justifiée". C'est-à-dire des preuves valables et solides de l'existence de phénomènes, par opposition à une vérité absolue. Dans le post-positivisme, les résultats sont le résultat d'un processus interactif entre les personnes qui ont fait l'objet de la recherche et celles qui font l'objet de la recherche (Crossan 2010).

3.2. Approche de la recherche

L'approche de la recherche concerne la relation entre le cadre théorique et les résultats empiriques. Les deux approches de recherche dominantes sont la déduction et l'induction. La première est basée sur la génération de théories et est associée aux sciences naturelles, tandis que la seconde examine les événements empiriques et vise à créer une théorie basée sur ces données. Bien que la recherche sociale ne soit pas déductive en soi, elle s'appuie sur des théories et des concepts comme points de départ. Toute explication théorique d'un événement basée sur des événements observés empiriquement doit s'appuyer largement sur la théorie comme moyen d'arriver à une conclusion. Cette combinaison d'approches a été appelée rétroduction (Sayer 1992).

L'objectif de cette recherche est d'évaluer les effets que l'abondance des ressources naturelles a eu sur le Soudan par le biais des mécanismes établis dans la théorie de la malédiction des ressources et des conflits. L'enquête commence par une discussion de la littérature concernant la malédiction des ressources et la théorie des conflits. Un certain nombre de propositions clés tirées de la littérature existante forment le lien théorique entre la littérature et les questions de recherche. Elles fournissent des indications sur la manière d'évaluer l'effet des ressources naturelles sur les conflits et les canaux par lesquels cela se produit. Ensuite, une fois ce cadre élaboré, des preuves sont fournies pour étayer les hypothèses initiales, ce qui conduit à de nouvelles considérations sur les cadres théoriques et leur signification pratique.

3.3. Stratégie et conception de la recherche : L'approche par étude de cas

La stratégie de recherche de ce document est le modèle de l'étude de cas. Elle se caractérise par l'accent mis sur une seule unité d'analyse, qu'il s'agisse d'un événement, d'un incident ou, comme dans le cas présent, d'un pays. Il s'agit d'une méthode caractérisée par un objectif de collecte d'un grand nombre d'informations sur une ou quelques unités ou cas empiriquement délimités dans leur contexte habituel. La présence d'une proposition théorique est particulièrement pertinente pour l'étude de cas, et les données collectées doivent être pertinentes pour le cadre analytique utilisé. Pour répondre à la question de savoir comment les conflits au Soudan ont été affectés par l'abondance de ses ressources naturelles, il est nécessaire de disposer de nombreuses données afin d'évaluer correctement ce qui rend le pays vulnérable à de tels effets et quels sont les mécanismes à l'œuvre au Soudan qui ont provoqué la réalisation de la théorie. Les méthodes de recherche de l'approche des études de cas comprennent des entretiens approfondis et une analyse qualitative.

Stake (2005) présente trois types d'études de cas : Les études de cas intrinsèques, instrumentales et multiples. La première est étudiée pour son intérêt dans le cas lui-même, pour sa particularité ou son caractère ordinaire. L'étude de cas instrumentale est examinée principalement pour donner un aperçu d'une question ou pour redéfinir une généralisation, et ici le cas lui-même joue un rôle de soutien pour faciliter la compréhension d'autre chose. Cette approche est une étude de cas instrumentale, mais elle permet également d'étudier un phénomène général. La recherche entreprise ici est donc une combinaison des deux premières évaluations, car les résultats sont pertinents même si l'on ne considère que le Soudan, étant donné l'histoire unique et complexe du pays. Cependant, la recherche vise également à soutenir la compréhension des effets et des canaux par lesquels les ressources naturelles affectent un pays, et les connaissances acquises ici peuvent fournir des réflexions utiles sur ces questions.

La conception de la recherche est composée d'objectifs, de sources de données et de limites (Saunders et al. 2007). Pour atteindre les objectifs de la recherche, deux étapes sont nécessaires. Premièrement, une analyse de la littérature sur la théorie de la malédiction des ressources et la théorie des conflits à ce jour. Cela est nécessaire afin d'esquisser et de comprendre les fondements et les cadres théoriques qui sont actuellement utilisés dans l'analyse des effets de la richesse en ressources et des conflits. Deuxièmement, une étude de cas détaillée du Soudan. Cela montre l'efficacité de la théorie pour décrire les symptômes et les solutions dans la pratique. Cette étape est expliquée plus en détail ci-dessous.

3.4.   Unité d'analyse et de collecte des données

L'unité d'analyse dans cette recherche est la République du Soudan. Ce qui rend le Soudan apte à éclairer le sujet choisi est a) son exposition particulière et son expérience de la malédiction des ressources,

b) la prévalence et la poursuite de conflits violents et de situations d'urgence complexes dans le pays,

c) le récent accord de paix et sa mise en œuvre et, dans la foulée, d) la tentative actuelle du pays de remédier à un certain nombre de lacunes institutionnelles dont on sait empiriquement qu'elles influent sur la mesure dans laquelle l'abondance des ressources naturelles affecte la croissance économique et le développement social d'un pays. Le Soudan constitue donc un terrain d'essai intéressant pour les théories existantes.

Cette recherche est principalement basée sur l'analyse de documents avec l'appui d'entretiens qualitatifs. Différentes sources de données sont utilisées. Des articles universitaires, des articles de presse, des évaluations de l'environnement et des moyens de subsistance, concernant l'histoire du Soudan jusqu'en 2005, ont été utilisés pour analyser l'effet des facteurs historiques, y compris le pétrole, sur les conflits civils au Soudan et aident à répondre à la première question de recherche. En outre, des articles universitaires et des articles de presse plus récents sur le Soudan, des documents datant des années suivant la signature de l'APG en 2005 et l'APG lui-même soutiennent l'analyse liée à la deuxième question de recherche, à savoir comment le Soudan a tenté de lutter contre les effets de la malédiction des ressources. Le chercheur a accédé à ces données tout au long de 2009 et 2010, alors qu'il résidait au Soudan. En outre, des entretiens semi-structurés ont été menés.

Les entretiens ouverts et semi-structurés permettent un processus d'entretien interactif où le répondant n'est pas limité et influencé par des catégories de réponses potentielles mais peut développer une image plus complète de croyances complexes (Morgan et al. 2002). Les personnes interrogées au cours de cette recherche étaient des experts dans des domaines pertinents pour les questions de recherche, et l'utilisation d'un plan d'entretien standardisé a été jugée inutilement restrictive. Les informateurs ont été sélectionnés sur la base de divers critères, dont la stratégie et la commodité. L'échantillonnage dans le cadre des méthodes qualitatives n'est pas fait pour atteindre la représentativité, mais plutôt pour atteindre une saturation de la signification. Un échantillon stratégique signifie que les informateurs sont choisis sur la base d'attributs ou de qualifications qui sont pertinents pour les questions de recherche (Thagaard 2003).

La prise de décision concernant la distribution des revenus pétroliers est confiée à quelques institutions et individus puissants : Des représentants des partis politiques au pouvoir au Nord et au Sud Soudan ainsi que des acteurs internationaux impliqués dans le processus technique et/ou politique. Les observateurs et les analystes du processus disposent d'informations et de points de vue précieux, généralement plus nuancés que ceux des représentants des parties directement impliquées. Étant résident au Soudan, l'auteur a une bonne connaissance et un bon accès aux personnalités centrales de la communauté internationale. Les entretiens avec les représentants du PCN et de l'APLS ont permis de relever plusieurs défis. Tout d'abord, l'accès est difficile. Deuxièmement, il est probable que les informations fournies par ces personnes interrogées reflètent leurs affiliations respectives. Troisièmement, la position de l'auteur au Soudan peut être mise en danger car la question du pétrole est sensible. Par conséquent, la recherche s'est principalement concentrée sur les analystes et les experts internationaux. Parmi eux, trois diplomates (un expert pétrolier, un conseiller économique et un conseiller du CPA), en plus d'experts thématiques du PNUD, du PAM et de l'AEC. En raison du manque de fiabilité du flux d'informations vers le reste de la société, il n'a pas été jugé nécessaire d'inclure des représentants d'autres parties de la société pour obtenir une "représentativité".

Le fait que le chercheur réside au Nord du Soudan et qu'il mène toutes les recherches à partir de là comporte le risque d'une perspective nordique. Une attention particulière a dû être accordée à ce point au cours du processus afin de garantir un point de vue équilibré. Les personnes interrogées étaient basées au Nord du Soudan mais leur domaine de responsabilité et de compétence couvrait l'ensemble du Soudan. Toutes les personnes interrogées se sont concentrées sur la mise en œuvre de l'APG et/ou sur d'autres questions relatives à la division du Soudan en deux parties, le Nord et le Sud, après 2005. Le fait que le chercheur soit associé à une institution internationale aurait pu amener les informateurs à agir de certaines manières et à retenir des informations, mais en assurant mon indépendance en tant que chercheur, en étant ouvert sur mes affiliations et en garantissant que les informations ne seraient utilisées que pour ce document de recherche, ce problème a été largement évité. Les personnes interrogées ont été contactées par e-mail ou par téléphone, en référence à l'objectif de la recherche.

3.5. Limites méthodologiques

Chaque modèle de recherche a ses forces et ses limites. Les limites d'une approche post-positiviste sont liées à la nature interactive et participative des méthodes qualitatives, à la proximité du chercheur par rapport à l'enquête et au risque de partialité du chercheur qui en résulte. Elle est également critiquée pour son manque de reproductibilité et de généralisabilité (Mays et Pope 1995). La capacité à généraliser les résultats ne doit pas être considérée comme nécessaire pour répondre avec succès aux questions de recherche. Au contraire, pour démontrer la signification théorique de l'étude, le lien entre les propositions théoriques et la recherche et l'applicabilité de la recherche aux contextes examinés est mis en évidence (Saunders et. al 2007).

Une dernière mise en garde est faite concernant les preuves et la fiabilité de la collecte de données. La force de l'utilisation d'un modèle de recherche qualitative dans ce cas est qu'un aperçu actuel et complet peut être offert par des experts qui ont un accès et une connaissance approfondis des détails complexes de la situation au Soudan. Dans ce cas, la proximité du chercheur avec l'étude de cas est à la fois un avantage et un inconvénient. Vivre et travailler au Soudan implique une meilleure connaissance de la situation complexe, mais aussi une plus grande sensibilité car la recherche et les résultats pourraient mettre en danger la position de l'auteur au sein du Soudan. Les limites imposées à la recherche par des facteurs externes au Soudan ont donc eu des implications sur la conception de la recherche ainsi que sur la qualité de la recherche. Les conséquences sont toutefois limitées en raison de la nature des questions de recherche. La portée de ce document de recherche étant largement théorique, il a été déterminé que la valeur ajoutée des entretiens avec les parties prenantes locales n'affecterait pas de manière significative la conclusion de la recherche. D'autres limites inhérentes à la recherche qualitative sont l'inévitable non-neutralité de l'auteur, qui par défaut ne sera jamais en mesure de recueillir des informations sous tous les angles possibles.

3.6.   Contributions à la connaissance

There have been numerous studies looking at Sudan, its conflicts and the resource curse. There has been little focus, however, on what the country has done to combat the effect of the curse, and how this links up to and relates to existing theory. Sudan provides an excellent case study in which not only to analyse the direct and indirect effects of abundance in natural resources on a country's economy, but also to expand the effects from economic and sociopolitique aux différents aspects des conflits civils violents. En s'appuyant sur la théorie et en montrant que les arguments théoriques sur les effets de l'abondance du pétrole correspondent à l'impact négatif et mesurable sur la cohésion sociale, et en soulignant soigneusement le caractère unique du cas soudanais, ce document montre que la théorie existante peut et doit être utilisée comme base pour l'analyse d'autres pays qui soit souffrent déjà de la malédiction des ressources, soit sont dans une position où des efforts préventifs peuvent être faits pour éviter de souffrir à l'avenir de la malédiction des ressources.

4. L'étude de cas - Soudan

En gardant à l'esprit la vue d'ensemble proposée dans le chapitre 2 de la théorie de la malédiction des ressources et de la théorie des conflits, un examen plus approfondi du Soudan et des spécificités du conflit qui y sévit depuis longtemps nous aidera à mieux comprendre et à analyser la situation actuelle. Le Soudan est un exemple de pays qui a été profondément touché par les effets économiques, sociaux et conflictuels de l'abondance des ressources naturelles. Le Soudan est le plus grand pays d'Afrique par sa taille et, avec une population de 39 millions d'habitants, il abrite une pléthore d'ethnies, de religions, d'affiliations tribales, de langues et de cultures à l'intérieur de ses frontières. Le Soudan a une longue histoire qui remonte à l'Antiquité et qui est étroitement liée à celle de l'Égypte, avec laquelle il a été uni politiquement à plusieurs reprises. L'histoire récente du Soudan a été marquée par une guerre civile résultant d'une marginalisation sociale et politique, alimentée par des tensions économiques et des différences ethniques et religieuses.

Afin de comprendre et donc d'analyser l'effet du pétrole sur le Soudan, il est important de ne pas seulement considérer son industrie pétrolière, mais aussi les divisions historiques, économiques, ethniques et sociales complexes qui ont fait du pays ce qu'il est aujourd'hui. La compréhension de ces facteurs nous permet de prendre une décision éclairée quant au degré auquel des solutions générales peuvent être utilisées pour sauver le Soudan de la malédiction des ressources. Ce chapitre commence par donner un aperçu du développement des États soudanais depuis les années 1800 jusqu'à l'indépendance en 1956, puis examine de plus près l'évolution des récents conflits civils. Le chapitre se termine par un aperçu de l'économie, avec un accent particulier sur le secteur pétrolier, pour montrer que le Soudan n'est pas seulement sujet à des conflits violents et à des inégalités économiques, mais aussi que le pays et sa population présentent des qualités qui rendent son avenir loin d'être désespéré en termes d'égalité économique et sociale et de développement.

4.1. L'histoire récente du Soudan

4.1.1. La structure historique des relations Nord-Sud

Étant donné la grande diversité ethnique, linguistique et géographique du pays, il est très difficile de résumer en quelques pages la longue et complexe histoire du Soudan. Le présent document de recherche se concentre sur la période allant du début de la première guerre civile en 1955. Un bref aperçu de l'histoire du Soudan depuis le [18e] siècle jusqu'à l'indépendance est néanmoins important pour comprendre les relations Nord-Sud actuelles et les facteurs sous-jacents des conflits civils. Le rôle des États soudanais successifs dans la création et l'aggravation du sous-développement régional et de l'antagonisme ethnique et culturel a laissé un héritage de mécontentement et d'extrême inégalité. Cet article commence par examiner l'introduction de l'Islam et de l'identité arabe avant 1820, la domination turco-égyptienne de 1820 à 1883, le régime mahdiste de 1883 à 1898 et enfin la domination anglo-égyptienne qui a conduit à l'indépendance du pays en 1956. L'accent est mis sur l'héritage du sous-développement régional et des divisions ethniques et culturelles que ces régimes ont laissé derrière eux.

Le mécontentement et l'inégalité découlant de la marginalisation du centre par rapport à sa périphérie sont des sentiments qui subsistent d'avant le [XIXe] siècle. Les États soudanais d'avant 1820 se définissaient par la relation entre leur centre et les régions périphériques, d'où provenaient la main-d'œuvre, la richesse et les excédents alimentaires qui leur permettaient de construire leur pouvoir (Johnson 2007). L'arabisation et l'islamisation sont un autre héritage de cette première période. À partir du [XIVe] siècle, les contacts commerciaux avec les États musulmans ont introduit l'Islam dans les États soudanais. Les généalogies arabes ont établi une légitimité politique et spirituelle, et l'acceptation de l'islam par les royaumes soudanais a encore accentué le fossé entre le centre et la périphérie (Johnson 2007).

In 1820, the Turco-Egyptian invasion of Sudan altered the political and economic balance in the country considerably. It is during this period that we can identify the beginning of a NorthLa division du Sud au Soudan. Les peuples des États du Nord ont été contraints de collaborer avec l'armée lors de raids d'esclaves dans la périphérie. L'importante population d'esclaves du Nord venait en grande partie du Sud, et dans l'esprit populaire, les mots "esclaves" et "noirs" étaient synonymes. L'incorporation de l'ensemble du Sud en tant qu'arrière-pays exploitable de l'État, l'intensification de la stratification raciale et l'identification généralisée des personnes du Sud à un statut inférieur ont été les conséquences du système économique et politique du colonialisme turco-égyptien (Johnson 2007).

En 1881, un chef religieux nommé Muhammad ibn Abdallah, qui se disait descendant du prophète Mahomet, s'est proclamé le Mahdi, ou "le guidé". Il attire rapidement un large public et lève une armée avec laquelle il capture Khartoum en 1885. Au début du régime mahdiste, il y avait peut-être une intention de faire entrer les Soudanais du Sud dans le giron musulman, mais l'État mahdiste a rapidement perdu le contrôle du Sud. Les attitudes raciales dans le Nord sont restées largement inchangées. En outre, l'État mahdiste a développé sa propre forme de colonialisme interne en imposant l'allégeance par la religion et par le serment personnel de loyauté au chef religieux de l'État (Johnson 2007).

La conquête du Soudan par les Anglo-Egyptiens a commencé dans les années 1890 et a suivi des schémas nettement différents au Sud et au Nord. Au nord, l'Égypte a bénéficié du soutien d'une grande partie de la population musulmane mécontente, qui avait maintenu une forte opposition aux mahdistes. Dans le Nord, les Britanniques ont protégé les valeurs islamiques, ont contribué à la modernisation et ont établi un système d'éducation qui a créé une élite soudanaise éduquée. Dans le Sud, en revanche, la pacification s'est poursuivie pendant des décennies et, les Britanniques ayant consacré peu de ressources à la région, celle-ci est restée largement sous-développée. Les Soudanais du Sud ont pris un retard considérable en matière d'éducation, de développement économique et de participation au gouvernement et à l'administration du pays. En conséquence, ils n'ont pas eu voix au chapitre dans la direction des affaires du pays (Johnson 2007). Au moment où le Soudan s'est engagé sur la voie de l'indépendance, il existait de grandes disparités entre le développement du Nord et du Sud. La différence d'attitude des autorités coloniales envers les Sudistes et les Nordistes, ainsi que les fortes inégalités dans les domaines éducatif, commercial, professionnel et politique ont donné aux Nordistes un avantage qui a contribué à la méfiance et à l'animosité mutuelles qui ont sous-tendu le déclenchement de la guerre civile entre le Nord et le Sud en 1955 (Petterson 2003).

Le moment et les conditions de l'indépendance, le 1er janvier 1956, sont moins le fruit d'une mobilisation interne que d'une diplomatie internationale (Johnson 2007). La concurrence entre l'Égypte et la Grande-Bretagne pour le cœur et l'esprit des Soudanais du Nord explique pourquoi les habitants du Nord n'ont guère ressenti de pression pour accommoder véritablement les intérêts du Sud-Soudan afin d'élargir leur base politique au sein du pays. Au moment de l'indépendance, les hommes politiques du Nord ont promis verbalement que soit le développement du Sud atteindrait le niveau du Nord, soit ils mettraient en place un système autonome dans lequel le Sud exercerait les droits sur ses ressources pour se développer. Aucune de ces promesses ne s'est concrétisée. En fin de compte, ce qui a été négocié pour le Sud était essentiellement une transition du colonialisme britannique au colonialisme arabe, qui était perçu comme une extension de la domination étrangère (Jok 2007). L'augmentation rapide du nombre de Nordistes dans le Sud en tant qu'administrateurs, officiers supérieurs de l'armée et de la police, enseignants et commerçants, dont beaucoup ont reçu pour instruction de faire du Sud une province du Nord à arabiser et à islamiser, a accru les craintes du Sud face à la domination et à la colonisation du Nord. Ce fut la genèse de la première guerre civile du Soudan, qui commença avec la mutinerie d'un régiment de soldats sud-soudanais à Torit en août 1955. Bien que la mutinerie n'ait pas été un mouvement bien organisé ou coordonné (Johnson 2007) et n'ait pas pu mobiliser le mécontentement du Sud derrière leur commandement, elle n'en a pas moins été l'expression d'une anxiété présente dans tout le Sud. Peu après l'indépendance, il ne faisait plus aucun doute que les Soudanais du Nord avaient l'intention d'islamiser et d'arabiser le Sud, et les hostilités reprirent pleinement. Au cours des premières années du conflit, des centaines de bureaucrates, d'enseignants et d'autres fonctionnaires du Nord en poste dans le Sud ont été massacrés.

4.1.2. Les guerres civiles au Soudan

Les factions du Sud se séparant et faisant la guerre au gouvernement, le Nord a commencé une guerre civile qui devait durer 17 ans. La concurrence et le mécontentement concernant la distribution des ressources économiques et politiques - la religion et l'ethnicité étant des facteurs importants pour décider qui obtient quoi (Haynes 2010) - ont joué un rôle important dans le mécontentement croissant qui a fini par déclencher le conflit. Après l'indépendance, une fluctuation entre le régime civil et le régime militaire s'est produite, qui a duré jusqu'en 1969, lorsqu'un groupe d'officiers dirigé par le colonel Nimeiri a pris le pouvoir.

The war ended with the signing of the Addis Ababa Agreement in 1972. This agreement gave the North national and international policy making powers in a united Sudan, while the South enjoyed self-rule with their own government. The agreement granted the South an autonomous status, but had numerous loopholes, which Nimeiri knew how to take advantage of. In the early 1980s, without consulting the Southern leaders, he redesigned the Northfrontière sud, a prévu de construire une raffinerie pour l'exploitation des ressources pétrolières du sud et a déclaré l'imposition de la charia dans tout le pays (Jok 2007). Ces politiques répressives ont déclenché une colère générale parmi les habitants du Sud, et le calme relatif des années de l'accord d'Addis-Abeba a pris fin en 1983 lorsque Nimeiri a porté le coup de grâce en décidant de réformer la loi soudanaise selon la charia. Les chrétiens et les autres non-musulmans sont désormais victimes des méthodes de punition horribles mises en œuvre par le régime, et nombre d'entre eux ont rejoint la nouvelle rébellion qui s'est formée peu après que plusieurs unités militaires se soient mutinées dans le Sud au début de l'année. Peu de temps après, l'Armée populaire de libération du Soudan a été formée et le deuxième cycle de conflit civil a commencé, ce qui a finalement contribué à la chute de Nimeiri peu de temps après. Un certain nombre de partis et de mouvements ont tenté de diriger le pays avant que le général Omar Hassan Al Bashir, soutenu par le Front national islamique fondamentaliste, ne prenne le pouvoir par un coup d'État militaire en 1989. Malgré les différences d'idéologies entre ces gouvernements, ils se sont mis d'accord sur deux points : 1) une position arabe et islamique ferme, et 2) un engagement en faveur d'une solution militaire au conflit dans le Sud (Jok 2007). Plutôt que de répondre aux différents griefs du Sud, les gouvernements successifs du Nord ont opté pour des solutions militaires (Jok 2007). Il en est résulté une prolongation du conflit et un durcissement des positions des deux parties. Les politiques islamiques sont venues s'ajouter aux autres questions culturelles qui avaient creusé un fossé entre le Nord et le Sud.

Après que la guerre a éclaté en 1983, elle devait durer jusqu'à la signature de l'accord de paix global en 2005. Le Nord et le Sud ont tous deux soutenu diverses factions de groupes armés tribaux à travers le Soudan, menant une guerre par procuration dans laquelle les motivations des groupes allaient du désir de liberté à la soif de pouvoir, en passant par l'idéologie marxiste, la défense du village ou le simple banditisme. Ce qui avait commencé comme un conflit entre le Nord et le Sud est devenu un conflit beaucoup plus complexe où les gens de plusieurs camps s'affrontent. Au cours des 22 années qu'a duré la guerre, elle a causé la mort de plus de 2 millions de personnes et le déplacement de 4 millions de personnes (estimation du HCR) (ICG 2002). Selon Martin Randolph (2002), le conflit de faible intensité au Soudan ne ressemblait pas à une guerre au sens traditionnel du terme. Une grande majorité des victimes étaient des civils victimes de la famine et de la maladie. Les combattants des deux camps étaient principalement des Sudistes, car les troupes du SPLM ou de l'une des nombreuses milices soutenues par le gouvernement provenaient de tribus rivales du Sud, en raison de l'exploitation par Khartoum des rivalités historiques par le biais de la guerre par procuration (Randolph 2002). La religion n'explique pas la guerre, et elle n'a pas suffi à empêcher la paix. Il convient toutefois de noter que pour de nombreux habitants du Sud, la guerre était autant une question de liberté culturelle que de partage des ressources nationales (Randolph 2002).

Cela étant dit, certains soutiennent que le différend sur le pétrole a contribué à perturber le fragile équilibre qui prévalait dans la période qui a suivi la signature de l'accord d'Addis-Abeba. Après la première véritable découverte de pétrole à la fin des années 70, Nimeiri a refusé que le pétrole soit raffiné dans le Sud. Le conflit qui a commencé comme une lutte pour de rares ressources est devenu une lutte pour le contrôle d'abondantes réserves de pétrole (Johnson 2007). Il est significatif que les combats se soient intensifiés au milieu des années 1990 lorsque Khartoum a donné des contrats aux compagnies pétrolières pour exploiter les grands champs pétrolifères (Haynes 2010). La bataille contre le Sud est devenue autonome, tant politiquement qu'économiquement, grâce aux revenus du pétrole. Rien n'a autant contribué à la durabilité du conflit que l'ouverture de l'oléoduc du Soudan en 1999. Le gouvernement central, qui comptait sur le soutien d'autres nations marginalisées pour financer sa guerre, a pu non seulement acheter des armes, mais aussi commencer à en produire lui-même. Le Soudan a pu établir des partenariats commerciaux avec plusieurs des plus grandes compagnies pétrolières du monde, et le pétrole a également renforcé la respectabilité diplomatique du Soudan. De plus, le gouvernement a redoublé d'efforts pour éliminer la résistance dans le Sud et consolider son contrôle, car c'est là que se trouve le pétrole.

4.1.3. L'accord de paix global (APG)

La signature de l'accord de paix global a été l'aboutissement de plusieurs années de négociations entre le PCN au Nord et le MPLS au Sud. L'accord a été signé en janvier 2005, après un processus de négociation qui a duré trois ans et a été entaché d'incertitudes et de retards, même à la dernière minute. L'accord prévoit une période intérimaire de six ans, jusqu'à un référendum sur l'indépendance du Sud-Soudan en 2011. Il comprend une constitution provisoire acceptée par les deux parties, un gouvernement d'unité nationale (GoNU) basé à Khartoum, un gouvernement semi-indépendant du Sud-Soudan (GoSS) et des accords pour le partage des richesses (provenant principalement des exportations de pétrole), la sécurité nationale et le désarmement militaire, le partage du pouvoir et la politique monétaire. Les partenaires de l'APG (PCN et MPLS) sont responsables en dernier ressort de sa mise en œuvre, bien que les acteurs internationaux aient apporté leur soutien pour résoudre les questions en suspens afin d'aider à assurer la mise en œuvre. Ce soutien est acheminé par le biais du Comité d'évaluation, de la MINUS et des accords bilatéraux avec les pays donateurs. Les parties, ainsi que la communauté internationale, se sont mises d'accord sur une politique visant à "rendre l'unité attrayante", c'est-à-dire à travailler à la compréhension des avantages d'un "Soudan unique". La plupart des acteurs internationaux travaillant au Soudan sont convaincus que les deux pays sont fortement dépendants l'un de l'autre et que la probabilité qu'une nouvelle guerre éclate en cas de sécession du Sud est élevée.

L'APG, qui a réussi à maintenir un niveau de stabilité et de paix relatives au cours de son existence, est dans un état fragile depuis deux ans. Alors que le cinquième anniversaire de l'APG a été célébré en janvier 2010, les défauts de l'accord et les retards dans sa mise en œuvre étaient évidents. Plusieurs aspects du CPA ont provoqué des tensions à différents moments de la période intérimaire - au point que les observateurs internationaux au Soudan ont déclaré que le document représente essentiellement un calendrier pour de nouveaux conflits.

Tout d'abord, le *recensement national* effectué en 2008 a été retardé et controversé. En raison de désaccords entre les parties sur l'exhaustivité de la collecte de données et la validité des résultats, les parties n'ont pas pu s'entendre sur la manière dont les données du recensement seront utilisées. Le SPLM a rejeté les résultats, tout comme plusieurs des plus grandes factions rebelles du Darfour. Deuxièmement, la démarcation de la *frontière Nord-Sud* est, bien que décidée, toujours contestée. L'accord de paix global stipule que la frontière doit être délimitée telle qu'elle existait au moment de l'indépendance en 1956. La frontière dans la région d'Abyei est l'une des questions les plus controversées et les plus sensibles. Le litige frontalier a été soumis à la Cour permanente d'arbitrage (CPA) de La Haye et la décision a été rendue fin juillet 2009. Bien que la zone litigieuse ait été divisée en gros en deux entre les deux parties, la décision de la CPA a fait du PCN un gagnant incontestable en termes de revenus pétroliers de la région. Les parties ont montré leur engagement envers le processus de l'APC, et la répartition finale a été un compromis, les deux parties en gagnant et en perdant (bien que l'on puisse dire que le Nord est clairement gagnant en termes de division des champs pétrolifères). Troisièmement, les élections nationales ont été, comme le recensement, retardées et controversées. Le CPA prévoyait des élections à six niveaux (présidence nationale, assemblée nationale, présidence du Sud-Soudan, assemblée du Sud-Soudan, gouverneurs des États et assemblée des États), avec l'une des lois électorales les plus compliquées au monde. Les élections devaient avoir lieu en février 2010, mais elles ont été reportées à avril 2010 en raison de difficultés bureaucratiques, logistiques et politiques. Les principaux partis d'opposition ont boycotté les élections quelques semaines seulement avant leur tenue en raison du sentiment général que le PCN a truqué les résultats, et les résultats définitifs ont été contestés. Les élections elles-mêmes se sont déroulées de manière pacifique, bien qu'un peu chaotique. Avec une population sud-soudanaise dont 86 % sont analphabètes, remplir 12 bulletins de vote pour chaque électeur ne représente rien de moins qu'un défi majeur. Quatrièmement, la mise en œuvre de l'accord de *partage des richesses* a également été débattue. Le CPA exige que les revenus du gouvernement central, y compris ceux provenant du pétrole, soient distribués selon des schémas définis dans le CPA. Cependant, les transferts fiscaux ont été retardés et des arriérés sont toujours dus au GOSS. Il y a également un différend en cours sur la monnaie dans laquelle les transferts seront effectués. Au cours de la crise financière mondiale de 2008/2009, l'économie soudanaise a été durement touchée et la chute des prix du pétrole, principal produit d'exportation du Soudan, a provoqué une grave pénurie de devises fortes dans le pays.

Malgré ces problèmes, l'APG a réussi à maintenir une paix relative pendant plus de cinq ans. Plusieurs étapes cruciales et difficiles de l'APG ont été dépassées avec seulement des problèmes minimes. Malgré les tensions qui ont conduit à tous ces jalons, ils ont tous été réalisés sans flambées de violence. Même les élections, qui n'ont pas respecté les normes internationales de transparence et de responsabilité, se sont déroulées, malgré la confusion et le chaos, sans flambée de violence. La grande question qui se profile à l'horizon est celle des référendums de 2011, au cours desquels les citoyens du Sud-Soudan voteront pour leur indépendance et les habitants d'Abyei se prononceront sur le maintien de leur statut spécial dans le Nord ou sur leur adhésion au Sud. L'accent est mis sur la transition pacifique vers l'unité ou la séparation post-APC, et les négociations sur le partage des richesses après 2011, bien qu'attendues depuis longtemps, ont débuté en juillet 2010. Les questions post-référendaires doivent être abordées et traitées. Les voies vers l'unité et la séparation doivent être définies et convenues bien avant le référendum. Les questions à traiter sont les suivantes : quels seront les pouvoirs du gouvernement du Sud-Soudan, comment les ressources financières seront allouées et si les forces armées soudanaises (SAF) et le SPLM seront pleinement intégrées dans l'éventualité où l'unité serait le résultat du référendum. Dans le cas d'une séparation, il est nécessaire de fixer un calendrier de séparation, de définir les droits de citoyenneté, de gérer les migrations et d'autres questions de population transfrontalière, ainsi que les questions de ressources transfrontalières (notamment l'eau et le pétrole). Selon le rapport de Chatham House de 2009 "Against the Gathering Storm", *un échec maintenant pourrait conduire au genre de rupture observée au Darfour"* (Thomas 2009 : 6). Le rapport exhorte les donateurs et les autres acteurs internationaux à adopter une approche plus proactive et pragmatique quant à la possibilité d'une indépendance du Sud. Les questions sensibles ne peuvent être ignorées si l'on veut que la paix prévale également après un vote d'indépendance pour le Sud. Tant le Nord que le Sud bénéficieront de la stabilité politique et de la paix sur le terrain, mais dans un pays qui n'a guère de tradition de dialogue et où le ressentiment et l'animosité mutuels entre les parties respectives sont très forts, il ne faut pas considérer que cela va de soi de le comprendre et d'agir en conséquence. Il faut créer un cadre dans lequel les parties voient que le dialogue est mutuellement bénéfique.

4.2. L'économie du Soudan

Bien que les caractéristiques du Soudan correspondent à celles d'autres pays en développement, il s'agit d'un pays à revenu moyen avec un PIB de 92,81 milliards USD (2009), ce qui se traduit par un PIB par habitant d'environ 2 300 USD - le plaçant au 137e rang mondial, bien au-dessus de ses voisins africains (FMI 2010). Son taux de croissance annuel du PIB de 3,8 % le place au 44e rang du classement mondial de la CIA. Jusqu'à la découverte de réserves naturelles de pétrole et de gaz, le Soudan était largement dépendant de l'exportation de produits agricoles et de biens primaires, tels que le sucre, le millet et le sorgho (CIA 2010). Aujourd'hui, avec la découverte du pétrole, le secteur agricole s'est réduit, tant en termes relatifs qu'absolus. En 2009, les revenus des exportations pétrolières représentaient jusqu'à 95 % des revenus d'exportation et 65 % des revenus du gouvernement pour le Nord du Soudan, et un pourcentage stupéfiant de 98 % des revenus totaux au Sud Soudan. Cela implique une vulnérabilité massive aux fluctuations des prix mondiaux du pétrole, qui ont beaucoup fluctué depuis le milieu de l'année 2008. Les exportations, constituées principalement de pétrole brut, de produits pétroliers et de produits agricoles, ont totalisé 8,464 milliards USD en 2009. Les importations, constituées de pétrole et de produits pétroliers, d'équipements de pompage et de raffinage, d'intrants industriels et de produits manufacturés, se sont élevées à 6,823 milliards USD. Malgré la forte dépendance des produits pétroliers pour leur PIB, 80 % de la main-d'œuvre soudanaise est employée dans le secteur agricole, 13 % dans le secteur public et 7 % dans l'industrie et le commerce. Le pays est financièrement isolé par les sanctions américaines imposées en 1999 suite au soutien du Soudan aux réseaux terroristes. Cette situation a de graves conséquences, car les sociétés cotées en bourse aux États-Unis se voient interdire d'opérer dans le pays. L'économie soudanaise a prospéré grâce aux exportations de pétrole et aux investissements étrangers en provenance d'Asie et du Golfe au cours de la dernière décennie (le PIB est passé de 10 milliards USD en 1999 à 53 milliards USD en 2008 (Rapport 2010 de la Banque mondiale)), mais l'essentiel des richesses reste concentré à Khartoum.

4.2.1. La découverte du pétrole

Les opérations pétrolières au Soudan ont commencé en 1959, lorsque l'entreprise italienne Agip a obtenu des concessions dans la région de la mer Rouge. Ce n'est cependant qu'en 1978 que Chevron a effectué la première frappe importante dans le bassin de Muglad, dans la partie occidentale du Nil supérieur. Les découvertes consécutives dans la région ont fait de Muglad le principal centre d'intérêt de l'industrie pétrolière soudanaise pour les 20 années suivantes. Bien que l'exploration pétrolière à grande échelle ait commencé dans les années 1970, ce n'est qu'en octobre 2000 que des quantités commerciales de pétrole ont commencé à être exportées. Entre 2001 et 2005, les exportations pétrolières ont augmenté à un taux annuel moyen de 32 %. En comparaison, les exportations d'autres produits de base ont augmenté en moyenne de 18,6 % (Pantuliano 2009). Aujourd'hui, le Soudan est le cinquième producteur de pétrole d'Afrique, avec une production d'environ 480 000 barils par jour.

En janvier 2009, le Soudan disposait de réserves pétrolières prouvées estimées à 5 milliards de barils, contre 563 milliards en 2006 (geology.com 2010). Les deux types de brut extraits au Soudan sont le mélange du Nil et le mélange du Dar. Le mélange du Nil se vend au rabais par rapport au brut de référence asiatique Minas, tandis que le Dar se vend souvent au rabais. La qualité lourde et acide du mélange Dar le rend moins commercialisable. L'exploration et la production de pétrole au Soudan se sont concentrées sur deux grands champs pétrolifères, avec une production supplémentaire provenant d'un certain nombre de champs plus petits. Le premier champ à être exploré est connu sous le nom de "Greater Nile Project", et constitue les blocs 1, 2 et 4, et a produit environ 210 000 b/j en 2008. Le second constitue les blocs 3 et 7, exploités par le consortium Petrodar et a produit environ 200 000 b/j de mélange Dar. Le reste de la production provient de blocs plus petits, tels que les blocs 6 et 5a, qui ont produit respectivement 40 000 et 25 000 b/j en 2008. Les récentes estimations de production reflètent une baisse de la production de Nile Blend mais une augmentation de la production de Dar blend. Les recettes de cette production accrue ne compenseront toutefois pas la perte due à la baisse de production du mélange du Nil, plus précieux (geology.com 2010).

En 2008, les champs pétroliers du Soudan ont produit environ 480 000 b/j et consommé 86 000 b/j. Les 394 000 b/j restants ont été exportés vers les marchés asiatiques, principalement la Chine (214 000 b/j), le Japon (102 000 b/j), l'Indonésie (43 000 b/j) et, dans une moindre mesure, vers l'Inde, la Corée du Sud, Taïwan, la Thaïlande et la Malaisie. La demande asiatique en énergie est supérieure à sa propre offre, et l'Afrique a fourni une nouvelle frontière énergétique à ces pays. La sécurité énergétique est une préoccupation pour les gouvernements, et les entreprises de ces économies émergentes ne subissent que peu de pression en ce qui concerne les droits de l'homme et les directives internationales en matière de transparence, de responsabilité et de bonnes pratiques des entreprises. Les principales entreprises opérant au Soudan sont la China National Petroleum Company (CNPC) et Petronas (Malaisie). Sudapet est la compagnie pétrolière nationale du Soudan et est active dans l'exploration et la production pétrolière du pays. Toutefois, en raison de ses ressources techniques et financières limitées, elle conclut souvent des coentreprises avec des multinationales étrangères et reste un actionnaire minoritaire avec entre 4 et 34 % des parts. Nilepet est la compagnie pétrolière nationale du Sud-Soudan et a attribué des licences, ce qui a conduit à certains conflits car certains des blocs du Sud attribués par Nilepet étaient déjà sous licence du gouvernement du Nord

Sudan Oil Industry

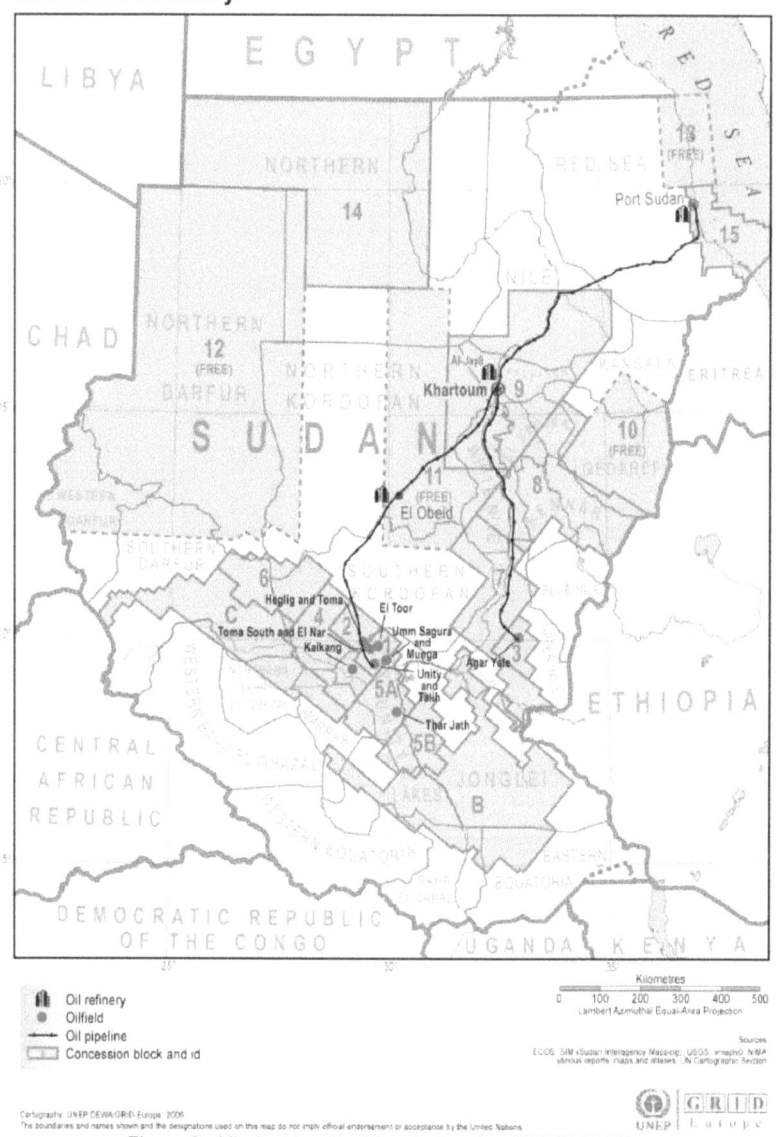

Figure 2 : L'industrie pétrolière du Soudan (PNUE 2006)

avant la signature de l'ACP. Cette duplication des contrats pétroliers a été un problème important dans la période qui a suivi la signature de l'ACP.

4.2.2. La récession mondiale de 2008/2009

When the global financial crisis of 2008 hit, Sudanese financial forecasters were quoted as saying, 'Thank God for the American sanctions', assuming that the financial isolation caused by these sanctions combined with the Islamic banking system were enough to protect Sudan from the consequences of the global economic slowdown. They were right to a certain extent - the sanctions did distance Sudan somewhat from the initial effects of the crisis. Towards the end of 2008, however, it was evident that Sudan would indeed be one of the worst affected countries in the world according to a World Bank official in Khartoum. Sudan's high reliance on oil revenues, unfortunate composition of trade and a downturn in crucial international investments made the recession a "perfect storm" for the country. This illustrates the extreme vulnerability of Sudan's economy and calls for a diversification of the economy through increased focus on the non-oil sectors. The following section summarises the main effects the financial crisis has had on Sudan's economy, and how this in turn had serious political and social consequences. The country's many and complex political, social and military processes mean it is in a very vulnerable position. The economy is highly intertwined with the socioLes processus culturels et politiques du pays et les périodes de difficultés économiques auront donc des conséquences négatives de grande envergure.

Le Soudan a ressenti la crise financière à travers cinq canaux principaux. Tout d'abord, et c'est le plus important, par la faiblesse des prix du pétrole. La dépendance du Soudan à l'égard de l'exportation de pétrole, qui représente un pourcentage important du PIB, rend les revenus du pays extrêmement vulnérables aux fluctuations des prix. En 2009, la baisse des revenus a considérablement réduit les budgets du Nord et du Sud du Soudan. Le prix moyen du pétrole en 2008 était d'environ 100 USD/b, tandis que les budgets pour 2009 ont été établis sur la base d'un prix moyen de 50 USD/b. Pour le gouvernement d'unité nationale, cela signifie une baisse de plus de 50 % des recettes pétrolières, en plus d'autres réductions de recettes qui ont rendu la perte totale beaucoup plus importante. La perte de recettes du GoSS résultant de la chute des prix du pétrole a été d'environ 65 %. Deuxièmement, le ralentissement des investissements internationaux a eu un effet négatif immédiat et a affecté négativement les perspectives de développement à long terme. Le Soudan, comme la plupart des pays en développement, souffre d'un grave déficit en capital humain et physique. Les investissements étrangers ont chuté de manière spectaculaire lorsque la crise financière a frappé les plus grands investisseurs du Soudan en Asie (Chine) et au Moyen-Orient. Le ralentissement de la demande mondiale et la faiblesse des prix alimentaires ont dissuadé les investissements internationaux dans l'agriculture, qui est le domaine où le Soudan a le plus grand potentiel d'expansion. Troisièmement, le resserrement des budgets d'aide dans les pays donateurs aura un effet très négatif sur le Soudan, en particulier sur le Sud-Soudan. Le Soudan a reçu environ 45 milliards d'USD d'aide publique au développement (APD) en 2008, soit environ 58 USD par habitant. Cela représentait 4,8 % du revenu national brut du pays (Banque mondiale 2010). Le besoin d'aide, en particulier d'aide humanitaire, ne devrait pas diminuer dans un avenir proche. Comme les budgets d'aide sont calculés longtemps avant les dépenses, l'effet sera décalé. Les éventuelles réductions de financement auront un effet désastreux sur les communautés les plus vulnérables - les personnes déplacées à l'intérieur du pays (PDI) et les groupes marginalisés dans les zones rurales en proie aux conflits. Quatrièmement, l'exportation de pétrole est de loin la principale source de devises (fortes). Avec la baisse des recettes pétrolières, les réserves de change ont beaucoup souffert. La faiblesse des réserves signifie également que le Soudan n'est pas bien préparé pour faire face à la crise. L'accès aux devises étrangères est un sujet controversé, car c'est la Banque centrale du Soudan (CBOS), basée à Khartoum, qui reçoit et contrôle en dernier ressort les recettes et les transferts vers le Sud. La tension a augmenté en raison de désaccords sur la question de savoir si le Nord transfère effectivement le montant des fonds fixé par le CPA et dans quelle devise ce montant doit être transféré. Le GoSS dispose d'un fonds de près de 300 millions USD mis de côté pour les "temps difficiles", mais n'a pas utilisé ces fonds pour atténuer les effets de la crise financière. Ce sont les seuls fonds que le Sud-Soudan peut utiliser pour acheter des biens étrangers (tels que des armes) en cas de crise intérieure (comme une guerre). Les transferts monétaires vers le Sud ont été irréguliers et insuffisants, et le Nord paie actuellement des arriérés pour compenser cela. En plus de tout ce qui précède, la crise financière mondiale a rendu difficile pour le Soudan l'obtention de prêts internationaux. Plusieurs pays du Golfe ont exprimé leur intérêt pour l'octroi de prêts fin 2008, mais cet engagement s'est essoufflé car le resserrement du crédit a également touché leurs économies respectives. Une partie de la dette internationale actuelle du Soudan est administrée par des prêts, donc ne pas pouvoir en obtenir de nouveaux signifie qu'ils seront encore plus à la traîne dans leur calendrier de remboursement de la dette.

4.3. Résumé

Le modèle de développement économique du Soudan est paradoxal dans la mesure où la région qui contient la plupart des ressources naturelles et des terres arables du pays, le Sud, est également la moins développée. Ce sous-développement relatif est dû à une combinaison de négligence coloniale et d'anciennes pratiques d'exploitation. Bien que les Britanniques aient sans doute compliqué les choses en gouvernant le Sud et le Nord comme deux entités séparées sans créer deux pays distincts, il est clair que les origines de la tension interne actuelle du Soudan sont antérieures à l'héritage du système colonial du 20ème siècle. Les notions de centre exploitant la périphérie, de pouvoir de l'armée en matière économique et politique, d'inégalités extrêmes dans les niveaux d'éducation, de droits politiques et de développement économique ainsi que de statut ambigu des citoyens dépourvus d'héritage central se retrouvent dans les idées de pouvoir et de gouvernance développées au Soudan dès les 18e et 19e siècles. Ce sont des schémas qui sont présents et renforcés au Soudan depuis plus de 200 ans, et qui ont resurgi avec force au Soudan depuis l'indépendance (Johnson 2007). Même si nous ne pouvons pas attribuer les origines des deux dernières guerres civiles à des formes antérieures de discrimination ethnique, cette étude nous aide à comprendre la situation actuelle en nous fournissant un ensemble de modèles qui caractérisent le Soudan depuis des siècles. On peut dire que la cause principale de la ou des guerres civiles est la constance historique des gouvernements oppressifs de Khartoum, qui ont encouragé la marginalisation régionale et exploité les divisions sociales. En outre, la découverte de quantités commerciales de pétrole a fourni au gouvernement de Khartoum des fonds très nécessaires qui ont essentiellement contribué à alimenter le conflit. Le pétrole est donc devenu un facteur de déstabilisation clé et a changé la dynamique du conflit.

Today, the CPA's interim period is coming to an end and stakeholders are finally looking at potential post-2011 scenarios. The key challenges that Sudan is facing are connected to the upcoming referendum, with a particular focus on the distribution of oil revenues postreferendum. Breaking the ongoing cycle of repeated exploitation of the South and other regions in the geographical and ethnic periphery is crucial if Sudan is to enjoy lasting and equitable peace. Just like in most other countries suffering from economic hardship, widespread poverty and a government seemingly incapable or unwilling of handling these issues, transparency and sound macroeconomic policies should dominate the policy makers' agenda. This creates the backdrop for the challenges that the people of Sudan are facing today, and supports the overall argument of this paper that Sudan can and should look at its own past and the mistakes made, and make use of its natural resource base to ensure nonLa violence et le développement équitable prévaudront après le référendum de 2011.

5. L'impact des ressources sur les conflits civils

Ce chapitre de l'analyse se concentre sur la première question de recherche : Comment la découverte et l'exploitation du pétrole ont-elles affecté les conflits civils au Soudan ? La première partie du chapitre examine comment le pétrole a directement changé la dynamique du deuxième conflit Nord-Sud au Soudan : comment les causes, les motivations et les fonctions du conflit ont été modifiées avec la découverte et l'extraction du pétrole. Le cadre de cette analyse est basé sur le chapitre consacré à la théorie des conflits, et fait le lien entre la théorie et l'étude de cas. En examinant chacun des volets de la théorie des conflits, à savoir l'approche fonctionnaliste, la cupidité et les griefs et le rôle des ressources naturelles, ce chapitre montre comment le pétrole a eu un impact grave et durable sur la dynamique des conflits par le biais des mécanismes de chacun d'entre eux. La deuxième partie du chapitre examine les effets que la découverte du pétrole a eu sur l'économie du Soudan. Étant donné la prédominance des facteurs économiques comme causes et motivations des conflits civils du pays, il est important de reconnaître l'effet indirect que l'abondance des ressources naturelles peut avoir sur la dynamique sociale d'un pays. Là encore, l'analyse suit la structure du chapitre théorique, en examinant les institutions du Soudan, le niveau de démocratie, le type de ressources naturelles et enfin en considérant chacun des cinq canaux par lesquels la malédiction se manifeste. Le chapitre conclut que la découverte et l'exploitation du pétrole ont eu de graves implications directes sur la dynamique du conflit au Soudan. De plus, il montre que le pétrole a eu des effets indirects à travers la dynamique de la malédiction des ressources.

5.1. Le pétrole et son rôle dans les conflits civils

La découverte de quantités commerciales de pétrole au Soudan a radicalement changé la dynamique de l'oppression du Sud par le Nord. Elle a été l'un des facteurs déclenchant le retour à un conflit violent en 1983, et a rendu la bataille contre le Sud autonome, tant politiquement qu'économiquement. Grâce aux revenus tirés du pétrole, Khartoum a pu financer sa propre guerre et ne dépendait plus de partenaires internationaux pour l'achat d'armes. Cela a également incité le gouvernement à anéantir la résistance dans le Sud et à consolider son contrôle, ce qui a aggravé les sentiments de marginalisation et d'oppression violente déjà existants.

Avec la découverte de pétrole, le Soudan a pu établir des partenariats commerciaux avec de grandes compagnies pétrolières internationales. En raison du rôle stratégique du pétrole dans le conflit, il n'a pas fallu longtemps avant que les compagnies pétrolières ne connaissent les inconvénients d'opérer dans une zone de guerre. Les installations d'extraction et autres infrastructures liées à la production sont devenues des cibles stratégiques pour le SPLM, et le personnel a également été visé dans le cadre de la guerre. Cinq ans après la première frappe importante de Chevron dans la région de Muglad, la compagnie a commencé à être confrontée à des problèmes de sécurité personnelle. En 1983 et 1984, le SPLM a kidnappé (et ensuite relâché) un certain nombre d'employés de Chevron, après quoi Chevron a suspendu toutes ses opérations et évacué la plupart de son personnel. En 1990, Chevron a finalement quitté le Soudan, sous la pression du gouvernement soudanais qui l'a poussée à opérer ou à démissionner. Les problèmes se sont aggravés quelques mois après le retrait de Chevron. Les histoires de déplacements massifs, d'arrestations au hasard et de harcèlement sont nombreuses (ECOS 2006). Les forces gouvernementales ont déplacé des dizaines de milliers de civils pour ouvrir la voie à l'exploration pétrolière dans l'ouest du Nil supérieur. L'APLS a déclaré que les champs pétrolifères étaient des cibles militaires légitimes (ECOS 2006), et la dépendance mutuelle du gouvernement et des compagnies pétrolières internationales était évidente. Le gouvernement soudanais avait besoin de revenus et les compagnies avaient besoin de protection après que les oléoducs et les installations pétrolières soient devenus des cibles militaires, et les revenus du pétrole sont devenus un motif ainsi qu'un moyen de poursuivre l'oppression.

La vague de destruction a culminé en 1999-2002, précédant et coïncidant avec le développement des champs pétrolifères. Selon Randolph (2002), *"rien n'a autant contribué à la durabilité du conflit que l'ouverture de l'oléoduc du Soudan en 1999"* (2002 : 5). Les sites de forage, les oléoducs et les routes ont été planifiés et construits sans tenir compte de l'impact sur les moyens de subsistance locaux. Les pipelines ont été construits sur des terres agricoles et des zones de pâturage, les routes d'accès au bétail ont été bloquées, les zones forestières, les terres agricoles et l'accès à de bonnes sources d'eau ont été réduits et l'écoulement de l'eau vers les zones agricoles et de pâturage a été entravé (Pantuliano 2009). La découverte de pétrole a également entraîné un renversement des flux migratoires dans certaines régions, en raison d'un boom des marchés du travail locaux. La demande accrue de matériaux de construction et de combustibles a ainsi mis à rude épreuve des ressources forestières déjà surexploitées. Le peu d'indemnisation accordée aux personnes déplacées ou autrement touchées par l'exploitation du pétrole dans la région est considéré comme dérisoire et totalement disproportionné par rapport aux ressources extraites et aux dommages environnementaux causés (Pantuliano 2009).

Les trois différentes approches de la théorie des conflits identifiées dans le chapitre 2 aident à expliquer ce qui cause, motive et prolonge les conflits civils. La partie suivante examine chacune d'entre elles individuellement et les replace dans le contexte des expériences du Soudan. En gardant à l'esprit la vue d'ensemble historique et économique du Soudan, la section suivante montre comment la découverte de pétrole a eu des effets directs et négatifs sur la stabilité et le développement socio-économique du pays.

5.1.1. Fonctions du conflit pour le SPLM et le PCN

L'approche fonctionnaliste s'intéresse aux fonctions économiques que peuvent avoir les conflits violents. Les conflits civils au Soudan ont apporté des avantages aux parties des deux côtés de la division Nord-Sud. Ils ont rempli toute une série de fonctions économiques, politiques et sociales, et il y a eu et il y a toujours des intérêts économiques acquis dans la poursuite (ou la reprise) du conflit qui doivent être pris en compte par les décideurs politiques nationaux et les acteurs internationaux. Il existe trois voies différentes par lesquelles les parties prenantes d'un conflit civil tirent des avantages financiers du conflit, qui sont examinées en détail ci-dessous.

Tout d'abord, les rebelles et les soldats du gouvernement ont utilisé la couverture des conflits civils pour exploiter les communautés civiles par le pillage et le pillage. Le Sud-Soudan a connu une grave détérioration de la sécurité à la suite du conflit. La faiblesse des institutions chargées de faire respecter la loi signifie que les conséquences des activités criminelles sont faibles et que la réflexion à court terme prévaut, car les conséquences à long terme semblent sans importance à la lumière des conflits. Les deux parties dépendaient régulièrement de la population locale pour l'approvisionnement en matériaux, en nourriture et même pour le recrutement, et se servaient de leur statut de soldats et de la bataille idéologique qu'elles menaient pour en tirer des bénéfices en termes de biens et de respect.

Deuxièmement, le commerce des ressources naturelles peut financer la rébellion et fournir au gouvernement les fonds nécessaires pour poursuivre le combat. Le choix de ceux qui en bénéficient le plus dépend du type de ressources naturelles. Le pétrole, étant une ressource difficile à extraire et dont les revenus reviennent principalement aux élites dirigeantes, constitue généralement une source de revenus pour le gouvernement et une cible militaire pour les rebelles. Cela se reflète dans la dynamique au Soudan. Pour le gouvernement de Khartoum, la découverte et l'extraction de quantités commerciales de pétrole ont apporté des revenus importants qui lui ont permis de poursuivre sa guerre agressive contre le SPLM. Les activités extractives des sociétés multinationales (MNC) ont fourni à Khartoum une source de revenus nécessaire pour renforcer sa brutale machine militaire (Patey 2007).

Troisièmement, les envois de fonds reçus de la diaspora à l'étranger, certains déplacés par le conflit, d'autres pour des raisons différentes. Les transferts de fonds représentent dans certains cas une part importante du financement des rebelles. En raison de l'importante migration humaine forcée du Soudan pendant les conflits civils, la typologie de la diaspora soudanaise est aujourd'hui caractérisée par des personnes déplacées en raison des conflits. Les transferts de fonds reçus par le Soudan ont augmenté régulièrement depuis le début des années 1990, probablement en raison de l'augmentation du nombre de réfugiés et de travailleurs migrants soudanais, ainsi que du besoin de soutien à la réintégration et à la restauration des communautés et des infrastructures.

Quatrièmement, par la captation de l'aide étrangère (Ballantine et Nitschke 2005). De nombreuses guerres civiles peuvent s'autofinancer, y compris du côté des rebelles. Au Soudan, des éléments indiquent que les deux parties ont détourné l'aide des organismes d'aide internationaux au profit des soldats et de leurs partisans. Le SPLM, en particulier, a pu détourner une grande partie de l'aide alimentaire reçue des organisations caritatives occidentales dans le cadre du projet Lifeline (ESPAC 2000).

Une fonction supplémentaire du conflit a impliqué non seulement les parties belligérantes, mais aussi leurs investisseurs internationaux. Le conflit et l'insécurité qui en a résulté ont donné aux investisseurs comme la Chine un avantage en ce sens qu'ils ont découragé d'autres investisseurs potentiels. Un rapport de l'ICG publié en 2002 a fait valoir que la Chine avait tout intérêt à maintenir un faible niveau de sécurité car cela contribuait à maintenir les autres investisseurs hors du pays (ICG 2002). Les sanctions économiques américaines sur le Soudan ont également constitué un obstacle efficace pour les investisseurs américains potentiels. Un autre point clé des relations de la Chine avec le Soudan est que Pékin entretient depuis longtemps une relation pragmatique avec le gouvernement de Khartoum. Leur soutien mutuel signifie qu'il n'est pas dans l'intérêt de Pékin d'avoir un autre gouvernement au pouvoir. La position de la Chine a cependant changé au cours des dernières années de la période intérimaire. Comme la sécession du Sud-Soudan semble de plus en plus probable, Pékin s'efforce maintenant de renforcer ses liens avec les dirigeants du Sud-Soudan. La Chine a ainsi exploité l'instabilité mais veut maintenant la stabilité. Cela signifie que la Chine a un intérêt dans le succès de l'APG (Large 2007). La contribution réelle de la Chine à la mise en œuvre de l'APG est toutefois minime.

L'avantage que le conflit a procuré aux parties prenantes étrangères est également illustré par les activités et les attitudes adoptées par les multinationales pétrolières. Par exemple, dans le rapport 2010 "Dette impayée", ECOS attribue une partie de la responsabilité des crimes de guerre commis au Soudan entre 1997 et 2003 à la compagnie pétrolière suédoise Lundin (ECOS 2010). Lundin opérait dans le controversé bloc 5a, qui à l'époque n'était pas entièrement sous contrôle gouvernemental. La perspective d'importants revenus provenant du pétrole du bloc 5a a encouragé le gouvernement soudanais à lancer une campagne militaire pour sécuriser et prendre le contrôle des champs pétrolifères pour le compte du MNC. Lundin nie catégoriquement ces allégations (Lundin Petroleum 2010). Avec l'incitation économique que les MNC ont fournie au régime de Khartoum, fermant les yeux sur les déplacements violents et l'oppression que cela a créé, ils ont sans doute joué un rôle clé dans la perpétuation et l'aggravation du conflit. Aucune de ces sociétés n'aurait pu opérer isolément et donc ignorer collectivement les violations des droits de l'homme au nom des revenus.

5.1.2. La cupidité et les griefs au Soudan

L'approche de Collier pour expliquer le conflit en utilisant des sentiments individuels ou collectifs d'avidité économique ou de griefs est, malgré sa forte orientation vers les rebelles, pertinente au Soudan. On a tendance à attribuer le conflit à des sentiments de chagrin, causés par l'inégalité économique, la marginalisation sociale et politique, la pauvreté et la discrimination ethnique. Bien que Collier (1999) ait conclu que les sentiments de doléances n'ont pas de signification statistique dans le déclenchement de conflits violents, cette section soutient néanmoins qu'ils ont joué un rôle important dans la préparation des guerres civiles au Soudan. Le Soudan est un exemple intéressant car les griefs ont sans doute joué un rôle important dans la motivation du premier conflit (1955-1972), mais la proéminence de la cupidité a été la clé du déclenchement du second conflit (1983-2005). Cette section s'appuie sur des exemples des deux côtés pour illustrer la complexité des conflits au Soudan, en considérant à la fois les griefs et la cupidité comme les causes de l'éclatement et de la poursuite des conflits.

Tout d'abord, examinons les griefs en termes d'inégalité économique et de marginalisation sociale et politique. Comme nous l'avons souligné au chapitre 4, le Soudan a une longue histoire de marginalisation géographique, sociale et ethnique. Bien que les motifs économiques et politiques soient les plus dominants dans les affaires courantes, les griefs concernant la discrimination culturelle et religieuse sont encore forts chez de nombreux Sud-Soudanais. Les revenus générés par les exportations de pétrole ont été utilisés pour alimenter l'oppression de la périphérie marginalisée dans le sud, l'est et l'ouest du pays, ce qui a provoqué un nouveau ressentiment. Bien que le secteur privé ait été une source d'enrichissement pour les élites dirigeantes (Patey 2007), la périphérie du pays a peu ressenti les effets positifs de ces revenus sur le développement.

En outre, une grande partie des tensions traditionnelles au Sud-Soudan tourne autour de questions concernant les droits à la terre et à l'eau. L'exploitation pétrolière est une activité à haut risque lorsqu'il s'agit de son potentiel à endommager l'environnement naturel. Les autorités soudanaises n'ont pas permis la publication d'études complètes sur l'impact environnemental de l'exploration pétrolière, mais il ressort clairement de nombreux rapports (ECOS 2002, Pantuliano 2009, PNUE 2008) que les tensions sur l'environnement ont été terribles. Elle a exercé une pression supplémentaire sur des ressources forestières déjà rares, et de nouvelles routes bloquent les voies d'eau, provoquant des inondations dans certaines régions et la sécheresse dans d'autres. De plus, des villages ont été détruits et le sable sur lequel ils sont construits a été utilisé pour la construction de sites pétroliers. La cartographie par satellite de la couverture et de l'utilisation des terres dans le bloc 5a au cours de la période 1987-2003 montre que jusqu'à 80 % des zones agricoles traditionnelles n'étaient plus utilisées en 2003 (ECOS 2002). Ce pourcentage extrêmement élevé montre les graves conséquences de l'industrie de l'extraction et des campagnes militaires qui ont suivi pour nettoyer et sécuriser les zones d'extraction sur les moyens de subsistance locaux et les modèles de migration et de déplacement. Les griefs concernant les questions foncières et les moyens de subsistance ont été gravement aggravés par l'impact environnemental de l'exploitation pétrolière. Les griefs ont donc joué un rôle important dans le déclenchement du conflit initial en 1955, et ont été aggravés par la dégradation économique, sociale et environnementale. Dans le second conflit, les griefs ont été une motivation moins importante que l'avidité.

En termes d'avidité, de motivations économiques derrière les conflits violents, il est clair que les énormes revenus provenant de l'exportation de pétrole ont ajouté des incitations pour les factions en guerre. Cela a permis de fournir les fonds nécessaires aux deux parties au conflit, et a incité le Sud-Soudan à rechercher l'indépendance, car la plupart des champs pétrolifères sont situés dans le Sud. Payer les tribus du Sud pour qu'elles s'engagent dans une guerre par procuration en leur fournissant de l'argent, des armes et des terres était l'un des fondements de la stratégie du Nord. En jouant sur le désir de pouvoir et d'argent de ces peuples, le Nord a effectivement construit une armée de Sudistes pour mener leur bataille sur le terrain du Sud.

5.1.3. Le rôle des ressources naturelles dans les conflits au Soudan

Il ne fait aucun doute que la découverte de quantités commerciales de pétrole et l'exploration qui a suivi ont eu de graves conséquences sur le lieu, la raison et la manière dont ce conflit a été combattu. En examinant trois aspects du rôle des ressources naturelles dans les conflits civils liés au Soudan, on comprend mieux le rôle que le pétrole a joué.

Premièrement, le type de ressources naturelles est important. Comme nous l'avons déjà mentionné, la richesse pétrolière est une ressource inestimable, dont les élites dirigeantes tirent leur richesse. Les ressources inexploitables sont associées aux mouvements séparatistes, car ceux-ci veulent obtenir un contrôle total sur les ressources naturelles en se séparant en tant que pays indépendant ou en renversant le gouvernement. Au Soudan, en raison des divisions géographiques, ethniques et culturelles le long de la frontière nord-sud du pays, la première est l'intention la plus probable des rebelles.

Deuxièmement, la manière dont les ressources sont exploitées est importante pour le rôle qu'elles jouent dans les conflits civils. Si elle est ancrée dans les processus locaux, la propriété et les accords contraignants, l'exploration pétrolière peut se dérouler dans une paix et un calme relatifs. Cependant, lorsque des mesures socialement oppressives et destructrices pour l'environnement sont prises sans consulter la population locale, le ressentiment ne peut que prévaloir. Afin d'attirer les investissements étrangers directs et de renforcer les capacités dans le secteur pétrolier, la sécurisation des champs pétrolifères et l'offre d'un environnement opérationnel stable ont été les principales priorités du gouvernement de Khartoum. Les déplacements, la violence irrégulière et le manque de développement dans les zones d'extraction ont provoqué un ressentiment envers les compagnies pétrolières et en particulier envers le gouvernement du Nord.

Troisièmement, la manière dont les bénéfices de l'extraction des ressources profitent aux parties prenantes du conflit civil est tout aussi importante pour prédire l'effet de leur abondance sur les guerres civiles au Soudan. Le Soudan n'a aucune tradition de partage équitable de ses revenus, et les revenus pétroliers ne font pas exception. La distribution inégale des dividendes pétroliers a aggravé les différences entre Khartoum, qui connaît un développement rapide, et les autres régions plus pauvres du pays.

5.2. La malédiction des ressources et le Soudan

La malédiction des ressources a touché de nombreux pays en développement, transformant ce qui pourrait être un catalyseur de développement et de croissance en un atout déstabilisant et créateur de conflits. On peut dire que le Soudan a été victime de la "malédiction des ressources", comme tant d'autres pays en développement riches en ressources. La section suivante montre pourquoi, comment cela a affecté l'économie du pays et, par conséquent, la dynamique des conflits civils du pays. L'économie, qui était auparavant caractérisée par l'agriculture et les produits de base, est maintenant fortement orientée vers la dépendance à l'égard de l'industrie pétrolière. Cette dépendance, qui représente plus de 60 % des revenus au Nord Soudan et plus de 96 % des revenus au Sud Soudan, a de graves répercussions sur le reste de l'économie. Ces conséquences apparaissent clairement lorsque, dans l'immédiat, une récession mondiale ou d'autres facteurs ont un effet négatif sur les prix mondiaux du pétrole et des matières premières et, à plus long terme, lorsque le pétrole finit par s'épuiser.

Cette partie du document de recherche examine plus en détail comment la malédiction des ressources a affecté le Soudan. Elle examine d'abord les dotations initiales des institutions, des processus démocratiques et des ressources naturelles du Soudan, afin de permettre une prévision de la vulnérabilité du pays à la malédiction. Ensuite, il examine les cinq mécanismes de la malédiction et montre comment ceux-ci, indépendamment ou combinés, ont été à l'œuvre au Soudan.

5.2.1. Les institutions du Soudan

Comme nous l'avons vu au chapitre 2, le type et la force des institutions sont des facteurs cruciaux pour évaluer l'effet de l'abondance des ressources naturelles sur l'économie. Mehlum et al. (2006) montrent que la croissance économique des pays riches en ressources naturelles dépend de la manière dont les rentes de ressources sont distribuées par le biais de l'arrangement institutionnel du pays. Deux types d'institutions sont identifiés : Les institutions "favorables aux producteurs", dans lesquelles la recherche de rentes et la production sont des activités complémentaires, et les institutions "favorables aux preneurs", dans lesquelles la recherche de rentes et la production sont des activités concurrentes. Dans le premier cas, la participation à des activités improductives, dues à la faiblesse de l'État de droit, au dysfonctionnement de la bureaucratie et/ou à un niveau élevé de corruption, présente des avantages. Les institutions favorables à l'accaparement sont particulièrement mauvaises pour la croissance économique lorsque l'abondance des ressources attire les rares ressources entrepreneuriales de la production vers des activités improductives (Mehlum et al. 2006).

Sudan's institutional landscape is characterised by corruption, instability and complicated bureaucratic processes. Sudan's initial institutional endowment is weak and does not provide a conducive environment for productive activities versus unproductive activities. Extreme short-term

59

thinking dominates and hinders a sustainable solution of addressing the weak institutional arrangement. Economic experts in Khartoum estimate that Sudan's petroleum reserves will diminish over the next ten years and eventually run out around 2025. This should be an incentive for the government to use today's oil revenues wisely and invest in long-term development and infrastructure. However, it has had adverse effects on decisionà Khartoum : En voyant la fin de la richesse provenant d'une source limitée comme le pétrole, elle a donné aux politiciens actuels des incitations supplémentaires pour récolter ce qu'ils peuvent maintenant. La corruption est endémique et la réflexion à long terme et l'initiative de développement sont largement absentes.

Outre la faible dotation institutionnelle du Soudan au moment de la découverte du pétrole, la nature de ses institutions a également changé depuis lors. Au cours des conflits de longue durée, les institutions locales et les mécanismes coutumiers du Soudan ont été gravement endommagés, aggravant le cercle vicieux créé au départ par des institutions initialement faibles. Les structures tribales ont été militarisées et politisées et les mécanismes traditionnels de justice et de résolution des conflits ont été mis à mal (Pantuliano 2006). De plus, la guerre a provoqué l'effondrement généralisé des moyens de subsistance. Dans de nombreuses régions, l'agriculture a été abandonnée et les traditions pastorales ont souffert en raison de l'effondrement des marchés et de la fermeture des routes nomades. La sécheresse et les changements environnementaux, ainsi que la croissance démographique, ont radicalement modifié le paysage et les modes d'établissement humain au Sud-Soudan (Middleton et O'Keefe 2006, Pantuliano 2006).

5.2.2. Processus de démocratisation

En avril 2010, le Soudan a tenu ses premières élections depuis plus de 20 ans. Le parti au pouvoir, le NCP, a remporté une victoire écrasante. En dépit d'une forte implication internationale, tant de la part des partenaires bilatéraux que multilatéraux, les élections ont été très disputées. Beaucoup de personnes à l'Ouest, à l'Est et au Sud n'ont tout simplement pas voté car elles n'avaient pas confiance dans le processus. En outre, la complexité déconcertante des lois électorales a rendu difficile pour une population largement analphabète de prendre une décision en connaissance de cause. Avec jusqu'à 99,6 % des votes, même dans les États où l'on sait que le soutien dont ils bénéficient est minime, le PCN n'a pas laissé grand-chose d'autre à dire. Deux semaines seulement avant la date prévue des élections, les principaux partis d'opposition ont boycotté le processus. Le boycott a été l'aboutissement d'un processus électoral qui a été considéré comme une farce. Plusieurs observateurs internationaux du processus affirment qu'il pourrait s'agir d'un accord de haut niveau conclu entre le PCN et le MPLS, échangeant essentiellement un résultat positif des élections pour le PCN contre un référendum pour le MPLS. Une chose est certaine, ces élections n'ont pas témoigné d'un large processus démocratique et d'une attitude publique dans le pays, et il reste à voir si les processus politiques du pays se transformeront en conséquence.

Cela dit, le scrutin s'est déroulé en une semaine sans aucune flambée de violence, ce qui est en soi le signe d'une volonté de paix et peut-être aussi d'une certaine foi dans le processus démocratique. Le scrutin a été prolongé de deux jours pour permettre à tous les électeurs inscrits de voter (et sans doute pour donner aux "observateurs électoraux" de tout le pays le temps de remplir les bulletins restants). Compte tenu de la forte implication internationale dans le processus de démocratisation qui a précédé les élections, il est intéressant de voir comment cela a affecté le paysage institutionnel du pays. En gardant à l'esprit que le Soudan n'a aucune tradition d'élections ou d'autres processus démocratiques, en particulier dans la périphérie, l'accent est maintenant mis sur les prochaines élections et sur la poursuite de la construction de la base que ces élections fournissent après tout. Toutefois, au cours de la période précédant les élections ainsi que dans la période qui a suivi immédiatement, il est vite apparu que la façon dont le gouvernement soudanais gouverne n'a pas beaucoup changé. Les observateurs internationaux ont décrit les élections comme ne répondant pas aux exigences internationales et les acteurs internes travaillant sur le processus électoral sur le terrain ont rapidement déclaré que l'accent devait être mis sur les deuxièmes élections, et non sur les premières. Il est également nécessaire d'examiner d'autres indicateurs démocratiques que la simple capacité du pays à organiser des élections.

5.2.3. Le type de ressources naturelles

Comme nous l'avons vu au chapitre 2, certains types de ressources naturelles rendent un pays plus enclin aux conflits que d'autres, et aident également à déterminer le type de conflit. Les ressources inexploitables (qui comprennent le pétrole et le gaz naturel) sont généralement associées aux conflits séparatistes, où un parti ou un mouvement rebelle s'insurge contre le gouvernement en place afin d'acquérir l'indépendance ou de prendre le contrôle du pays dans son ensemble (Ballantine et Nitzschke 2005). Il y a plusieurs raisons à cela, qui peuvent être vues dans la nature du conflit au Soudan. Premièrement, une grande partie des coûts, socioculturels, environnementaux et économiques, ont tendance à être supportés par les communautés proches des zones d'exploitation, qui sont très souvent des groupes culturellement ou ethniquement distincts, et souvent marginalisés. Les activités d'exploitation minière et de forage peuvent donc créer et aggraver des griefs locaux profonds, exacerbés ou rendus plus apparents par les divisions ethniques et socioculturelles. Deuxièmement, l'exploitation du pétrole et du gaz étant une activité à forte intensité de technologie et de compétences, les bénéfices reviennent en grande partie au gouvernement de Khartoum et aux multinationales qui participent à l'exploitation. L'une des principales caractéristiques historiques des gouvernements soudanais a été l'exclusion de la périphérie dans le partage équitable des ressources générées ou la fourniture de biens et services publics. Au Soudan, cela a créé un sentiment de privation économique profondément enraciné, qui a à son tour contribué à alimenter le ressentiment local et à alimenter la violence séparatiste (ICG 2002 et Lewis 2004). Troisièmement, le fait que la richesse en ressources du Soudan soit principalement située dans le Sud signifie qu'elle peut fournir une base économique viable pour un État indépendant, ajoutant ainsi une incitation économique à long terme pour encourager le SPLM et d'autres acteurs pro-indépendantistes à s'engager dans un conflit armé. La principale source de revenus des ressources naturelles au Soudan provient des produits pétroliers, le principal étant le pétrole brut. La terre, les minéraux et l'eau sont d'autres ressources que le Soudan a au moins le potentiel d'exploiter commercialement. Les revenus provenant de ces types de ressources tendent à s'accumuler au sein d'un petit groupe d'élites et incitent d'autres groupes marginalisés à se battre pour tirer le meilleur parti de ces ressources.

Le deuxième conflit civil au Soudan en 1983 a été déclenché par un soulèvement des rebelles qui, entre autres, étaient motivés par leur exclusion du parti des revenus pétroliers (Johnson 2007). Du fait que le pétrole est une ressource inexploitable, on peut à juste titre en déduire qu'il s'agit d'un conflit séparatiste. Les sites d'extraction ont renforcé les sentiments de marginalisation et d'opposition au gouvernement qui existaient déjà localement, en plus de fournir une incitation économique à prouver la viabilité d'un État indépendant. Toutes ces caractéristiques ont joué un rôle en particulier dans le deuxième conflit civil au Soudan, et la simple taille des revenus dans une région appauvrie a contribué à un changement dans la dynamique du conflit que le pétrole a apporté au Soudan.

5.2.4. Les mécanismes

Aujourd'hui, les cinq mécanismes clés par lesquels la malédiction des ressources fonctionne sont tous en jeu dans le contexte socio-économique complexe du Soudan. *Le syndrome hollandais*, comme on appelle l'appréciation de la monnaie locale et ses conséquences, a fortement affecté le Soudan au cours de la dernière décennie. La dépendance aux produits pétroliers en pourcentage du revenu national a provoqué l'appréciation de la livre soudanaise et a donc rendu l'exportation de produits agricoles et industriels alternatifs moins attrayante. Cela se reflète dans la composition de l'économie soudanaise qui, malgré une forte dépendance des revenus des exportations pétrolières, emploie encore 80 % de sa population dans le secteur agricole. En vertu de l'autonomie partielle accordée au Sud-Soudan dans l'APG, le Nord et le Sud-Soudan restent soumis aux mêmes politiques monétaires, ce qui signifie que les mêmes conséquences s'appliquent aux deux régions. Pour le Sud-Soudan, cette situation est encore plus grave, car sa dépendance à l'égard du pétrole dans le cadre de ses exportations est encore plus élevée que pour le Nord-Soudan. Depuis 2007, le gouvernement d'union nationale a constamment surévalué sa monnaie sur le long terme, rendant les importations plus abordables et les exportations moins abordables. Cette surévaluation de la monnaie est un symptôme clé du syndrome hollandais, qui entrave gravement la capacité du pays à exporter d'autres produits, tels que des produits agricoles et manufacturés. Le Sud-Soudan partage ce problème avec le Nord-Soudan car ils partagent la même politique monétaire et la même monnaie.

La recherche de la rente - un is a combined economic and political consequence of the resource curse. Because of the nature of the revenue earned from natural resources, they can create personal gains by private actors as well as induce rent-seeking behaviour among politicians. This affects the economy in that potential entrepreneurs see it more fitting to resort to un comportement *productif de* is a combined economic and political consequence of the resource curse. Because of the nature of the revenue earned from natural resources, they can create personal gains by private actors as well as induce rent-seeking behaviour among politicians. This affects the economy in that potential entrepreneurs see it more fitting to resort to un recherche de la rente.

*La mauvaise gestion économique n'*est pas une caractéristique rare dans les économies en développement d'aujourd'hui, et le Soudan ne fait pas exception. Les finances sont canalisées vers des secteurs et des entreprises qui sont affectés non pas par leur avantage relatif pour la croissance économique globale et le bien-être social de la population, mais plutôt en fonction d'incitations étroites et de gains personnels pour la petite élite qui dirige le pays. La corruption et les pots-de-vin sont endémiques, d'où la renonciation à des dépenses pour d'autres projets, sans doute plus bénéfiques pour la société. Les dépenses excessives et insuffisantes vont de pair, et les budgets sont utilisés dans le cadre de négociations politiques plutôt que pour lutter contre la pauvreté et assurer un développement durable. Avec tous les problèmes de développement qui nécessitent une attention urgente au Sud-Soudan, le pays planifie des projets d'infrastructure qui impliquent la transformation de ses trois plus grandes villes en forme de rhinocéros, de girafe et d'ananas (Telegraph 2010). Au risque de sortir momentanément du cadre de ce document de recherche, on peut dire qu'il existe de nombreux projets de développement qui pourraient être plus bénéfiques et plus rentables que ceux-ci. Les experts économiques de Khartoum soulignent que la diversification de l'économie est cruciale pour le Nord et le Sud du Soudan afin de se sevrer de la dépendance au pétrole dont ils souffrent. La diversification est toutefois difficile dans le cadre d'une telle dépendance, pour les raisons invoquées par la littérature sur la malédiction des ressources.

L'expansion de l'agriculture, qui est le plus grand secteur après le pétrole, est problématique pour plusieurs raisons. Tout d'abord, le conflit a provoqué la dégradation de l'environnement et la destruction de terres auparavant arables, tout comme les activités liées à l'exploration pétrolière ont détruit les moyens de subsistance agricoles de larges populations au Sud Soudan. Deuxièmement, les conflits ont laissé derrière eux des mines dans tout le Sud-Soudan. Troisièmement, il est nécessaire de mettre en place des programmes agricoles de plus grande envergure pour améliorer l'efficacité et, en fin de compte, rendre la production agricole plus rentable, mais les infrastructures agricoles actuelles sont pauvres et archaïques. Pour y remédier, il faut des investissements étrangers considérables, que le Nord a réussi en partie à attirer en raison des vastes possibilités de production agricole le long du Nil pour les pays à forte demande alimentaire tels que le Golfe et l'Asie. Les prix élevés des denrées alimentaires lors de la crise alimentaire mondiale de 2008 auraient dû inciter le Soudan à développer ce secteur. Le Soudan a la capacité, s'il est bien géré, de devenir le grenier à blé des États arabes. Malheureusement, ce n'est pas en période de bonne conjoncture économique que l'on prend des mesures dans ce sens, et ce n'est qu'un an plus tard, lorsque la crise financière a frappé, que la diversification de l'économie a fait l'objet d'une attention sérieuse. À cette époque, cependant, les prix étaient bas, ce qui décourageait les investissements, et avec l'affaiblissement des économies du Moyen-Orient et de l'Asie, la capacité du Soudan à se développer était limitée. Cette vision à court terme est endémique au Soudan, et les périodes de prospérité économique se terminent aussi brusquement qu'elles commencent. Une planification à plus long terme et une certaine planification d'urgence pour les périodes économiques plus difficiles sont essentielles si le pays veut être en mesure de faire face aux futures récessions et à la faiblesse des prix du pétrole. En outre, le Sud-Soudan souffre de problèmes compliqués de régime foncier et d'une structure économique généralement faussée.

Une solution, comme le stipule la théorie de la malédiction des ressources, consiste à élargir l'assiette fiscale. Les observateurs économiques décrivent ce processus comme un défi au mieux, bien que le Nord du Soudan ait pris des mesures pour y parvenir. Il est devenu plus efficace dans la collecte des impôts et, bien qu'il n'ait pas procédé à des réductions politiquement difficiles des exonérations fiscales, il n'en a pas non plus introduit de nouvelles récemment. Dans le Sud, la situation est pire, car ils n'ont essentiellement pas d'assiette fiscale pour commencer. Ils ont une structure économique généralement faussée, avec un secteur public gonflé. Avec un trop grand nombre de personnes employées dans le secteur public, l'assiette fiscale est fortement réduite et une grande partie du budget est utilisée pour payer les salaires. Au Sud-Soudan, jusqu'à 70 % du budget est consacré aux salaires du secteur public (y compris l'armée). Le secteur privé est donc sous-développé. Malgré les investissements étrangers considérables au Sud-Soudan, les Sud-Soudanais ne tirent qu'une faible partie de leur richesse, que ce soit en termes monétaires ou en termes de renforcement des capacités.

L'abondance des ressources pétrolières naturelles a également créé un coussin pour les politiciens soudanais, sur lequel ils peuvent se reposer confortablement au lieu d'*investir suffisamment dans le capital humain. Les* pays en développement ont un grave déficit en termes de niveau d'éducation et de compétences, tant dans l'enseignement de base que dans l'enseignement supérieur, mais si l'économie peut se développer sans augmenter la base de capital humain d'un pays, ses politiciens ne dépenseront probablement pas les fonds nécessaires à l'éducation. Au Sud-Soudan, 86 % de la population est analphabète. Il y a également un grave manque d'enseignants dans toute la région, dont les salaires sont régulièrement retardés ou absents.

Enfin, les recettes que les exportations pétrolières du Soudan ont procurées ont *affaibli les incitations privées et publiques à l'épargne et à l'investissement.* Les gouvernements du Nord et du Sud Soudan pensent à très court terme et très peu d'investissements sont réalisés en tenant compte du développement à long terme. Les revenus de l'extraction pétrolière devant se stabiliser et finir par diminuer au cours des prochaines années, il s'agit d'un jeu risqué.

5.3. Résumé

Ce chapitre montre que le conflit au Soudan s'est développé en même temps que l'industrie extractive dans le pays, confirmant l'effet que la base de ressources naturelles du pays a eu sur les conflits civils. Si l'on examine les motivations et les fonctions à l'origine du conflit, comme indiqué au chapitre 2, le contexte soudanais confirme que les fonctions économiques ont joué un rôle clé dans la motivation et l'aggravation des conflits civils du pays. Cependant, les conflits au Soudan ont également été profondément affectés par une marginalisation économique, sociale et ethnique continue pendant des siècles. C'est la combinaison de facteurs historiques, sociaux et économiques et l'ajout récent de ressources naturelles qui constituent la base des guerres civiles du Soudan.

En plus des effets directs sur les conflits civils du Soudan causés par l'effet de sa base de ressources naturelles sur la dynamique des conflits, les conflits du Soudan ont également été indirectement affectés par les mécanismes de la malédiction des ressources naturelles. Le Soudan avait et a toujours une prédisposition particulière aux effets négatifs de l'abondance des ressources naturelles. La faiblesse de ses institutions, l'absence de traditions et de valeurs démocratiques, ainsi que ses ressources naturelles invisibles en font un exemple typique de pays vulnérable à la malédiction des ressources. Chacun des cinq mécanismes clés décrits au chapitre 2, le syndrome hollandais, la recherche de rente, la mauvaise gestion économique, l'affaiblissement des incitations à investir dans le capital humain et l'affaiblissement des incitations publiques et privées à épargner et à investir, sont à l'œuvre au Soudan, chaque facteur étant aggravé par les autres. Les dotations économiques et sociales initiales du Soudan et la découverte consécutive d'une riche base pétrolière en ont fait une victime des effets directs de la malédiction des ressources naturelles par leur capacité à modifier les motivations et les fonctions à l'origine du conflit, et plus indirectement par la malédiction des ressources.

6. Qu'a fait le Soudan pour combattre la malédiction ?

Le chapitre 6 de ce document de recherche examine comment le Soudan a fait face activement et de manière préventive afin d'éviter les pièges de son abondance en ressources naturelles. La malédiction des ressources est désormais un phénomène bien connu des universitaires et des décideurs politiques. L'histoire des conflits civils au Soudan et l'emplacement de ses champs pétrolifères en font un pays particulièrement sujet aux conflits, mais aussi dépendant de la stabilité et de relations Nord-Sud saines pour que les deux parties puissent profiter du pétrole. Ayant combattu pour tous sauf 16 des 54 années qui se sont écoulées depuis l'indépendance, la population du Soudan est fatiguée de la guerre et c'est le point culminant de ce sentiment qui a conduit à la signature de l'APG en 2005. Le partage des richesses et d'autres questions liées à l'industrie pétrolière ont été consciencieusement décrites dans cet accord. Avec le soutien des nations riches en pétrole dans le processus de négociation, les mots sur le papier correspondent judicieusement aux conseils des universitaires et des experts politiques. La mise en œuvre, cependant, présente des défauts tant dans l'intention que dans l'action. Ce chapitre examine les différentes mesures prises par le GoNU et le GoSS pour combattre les effets économiques et sociaux négatifs de l'industrie pétrolière du pays. La première partie s'appuie sur la conclusion du chapitre 5, où les principales faiblesses du tissu social et institutionnel soudanais ont été exposées. Elle examine les efforts récents et actuels du Nord et du Sud-Soudan pour remédier à la faiblesse de leurs institutions, à la faiblesse des processus démocratiques et à l'incapacité répétée de traiter et de combattre de manière adéquate les sentiments de ressentiment et de marginalisation qui engendrent des sentiments généralisés de cupidité et de griefs et la présence de fonctions dans les conflits. La deuxième partie s'appuie sur le cadre général pour la paix et le développement que fournit l'APG, en examinant de près cinq aspects clés de l'accord : 1) le partage des richesses, 2) la délimitation de la frontière nord-sud, 4) les processus de démocratisation, 3) l'attrait de l'unité et 5) le référendum à venir. En abordant ces deux derniers aspects, une analyse de la situation actuelle entre le Nord et le Sud du Soudan est à la fois nécessaire et appropriée.

6.1. Améliorer les institutions et soutenir la démocratisation

Le Soudan est actuellement dans une position unique et peut et doit tirer parti de la forte présence internationale et de l'intérêt qu'elle porte au développement économique et au processus de paix du pays. Le pays dispose d'une pléthore d'incitations et de possibilités sur lesquelles il peut s'appuyer pour élaborer une stratégie de développement globale et durable, y compris les enseignements tirés - tant de son propre passé marqué par les conflits que des expériences d'autres pays avec la combinaison douteuse

que les conflits civils, l'abondance des ressources et les processus démocratiques rendent possible. Malgré l'influence dont peuvent bénéficier les partenaires et les organisations internationales, c'est en fin de compte aux gouvernements et aux populations du Nord et du Sud-Soudan qu'il appartient d'agir sur cette opportunité. La partie suivante de ce document examine comment le Soudan, tant au Nord qu'au Sud, a travaillé pour combattre les effets négatifs de sa base de ressources naturelles.

6.1.1. Améliorer la qualité des institutions

La qualité des institutions est apparue et est largement reconnue comme un élément clé pour déterminer les effets de la malédiction des ressources sur l'économie et, indirectement, sur le tissu politique et social d'un pays. Au Soudan, la dotation initiale de la qualité des institutions était très faible au moment de la découverte de ses ressources pétrolières, et le pays est donc rapidement entré dans un cercle vicieux de mauvaises dispositions institutionnelles.

Une méthode recommandée et éprouvée pour faire face à la malédiction des ressources et à la volatilité qui découle du budget dépendant des prix du pétrole consiste à créer un fonds pour stabiliser les recettes. Le Soudan a créé un tel fonds, le compte de stabilisation des recettes pétrolières, conformément aux dispositions de l'accord de paix global. Il est opérationnel en ce sens que les recettes sont versées à ce fonds lorsque les prix du pétrole, tant pour le mélange Dar que pour le mélange Nil, dépassent un certain niveau. De cette façon, les recettes mises de côté pendant les périodes de prospérité peuvent être utilisées pour compenser les pertes dues à la baisse des prix pendant les périodes difficiles. Comme l'argent a été retiré dès qu'il a été versé, en violation des règles régissant l'utilisation du fonds, ce dernier est devenu inutile en période de prix bas du pétrole. Il ne fonctionne pas comme un stabilisateur. Il est censé être à court terme, mais il n'y parvient même pas. Un fonds à long terme, sur le modèle du fonds de pension norvégien, serait créé au cas où la production pétrolière du Soudan atteindrait plus d'un million de b/j. En pratique, les niveaux de production n'atteindront jamais ce niveau.

Des politiques macro-économiques saines sont essentielles pour maximiser le bien-être qui peut potentiellement découler de l'abondance des ressources naturelles. L'épargne publique ajustée en fonction de l'épuisement des ressources devrait être une priorité, et les indicateurs de gouvernance tels que le degré de corruption, la responsabilité et la représentation devraient être améliorés et contrôlés. La richesse en ressources contribue à façonner l'infrastructure sociale d'un pays et le gouvernement doit jouer un rôle actif afin de s'assurer que les dividendes du bien-être atteignent tous les citoyens, et pas seulement l'élite puissante. La corruption a un effet indirect sur la croissance, tout comme d'autres indicateurs de gouvernance tels que la transparence et l'efficacité. Il convient de le reconnaître et de le traiter en conséquence. Au Soudan, au contraire, il n'y a pas eu d'amélioration majeure de la transparence du gouvernement depuis la signature de l'accord de paix.

6.1.2. Soutenir la démocratisation

Comme l'ont déclaré Damania et Bulte, le degré de démocratie est un facteur important qui détermine si un pays va souffrir ou non de la malédiction des ressources (Damania et Bulte 2008). Le niveau de compétition politique et le coût des transitions politiques sont des éléments clés du processus électoral. Le Soudan a un passé peu reluisant en matière d'élections démocratiques crédibles. La dernière élection avant celle de 2010 a eu lieu en 1986, et depuis l'indépendance, le gouvernement a le plus souvent été capturé par des coups d'État, et non par les bulletins de vote.

There are two channels through which the level of democracy affects the resource curse, and thus, in Sudan's case, the dynamics of its conflicts. The first one is the initial number of rentseekers in the economy. With a large number of rent-seekers, which is common in autocracies, natural resource abundance will create a move from productive labour to rentrecherche, ce qui entraîne un ralentissement de la croissance. Au Soudan, avec une population appauvrie et des problèmes perpétuels concernant les moyens de subsistance, le seuil pour passer à la recherche de rente est bas. Ce fait est exploité par le gouvernement du Nord sous la forme de promesses de récompenses monétaires en échange de l'utilisation des populations vulnérables comme armées de substitution.

Deuxièmement, les mauvais choix politiques et l'incapacité qui en résulte à gérer correctement les rentes de ressources sont le résultat d'un manque de responsabilité inhérent aux régimes autocratiques. Comme le maintien au pouvoir du gouvernement de Khartoum ne dépend pas de sa volonté et de sa capacité à assurer le bien-être et la croissance de sa population, mais plutôt de sa capacité à réprimer l'opposition politique et les autres menaces pesant sur ses dirigeants, les ressources ont été canalisées en conséquence. Les élites puissantes du Nord en ont largement bénéficié, mais là encore, la périphérie n'a guère perçu les dividendes du pétrole.

6.2. Cadre pour le développement : L'accord de paix global

L'accord de paix global fournit un ensemble de lignes directrices et de points de repère en fonction desquels les deux parties ont convenu de prendre des mesures. L'APG énonce des recommandations générales concernant la politique macro-économique, la gouvernance, le partage des richesses et la démocratisation, et s'il est respecté, il est susceptible de modifier la dynamique économique et sociale du pays. Malgré l'engagement des acteurs internationaux à le mettre en œuvre, les parties ont largement échoué dans la mise en œuvre des changements décrits dans l'accord, et ont en outre agi en violation de l'accord. Des points de référence clés tels que le recensement national, les élections et la délimitation de la frontière Nord-Sud ont été partiellement mis en œuvre, mais tous ont été retardés ou ont fait l'objet de controverses.

L'APG contient un certain nombre de dispositions importantes concernant la gestion du secteur pétrolier qui peuvent ouvrir la voie à une gestion responsable de l'industrie pétrolière au Soudan. L'une d'entre elles, *"le partage et l'allocation des richesses émanant des ressources du Soudan doivent garantir que la qualité de vie, la dignité et les conditions de vie de tous les citoyens sont promues sans discrimination fondée sur le sexe, la race, la religion, l'affiliation politique, l'ethnicité, la langue ou la région. Le partage et la répartition de ces richesses doivent être fondés sur le principe que toutes les régions du Soudan ont droit au développement"* (CPA 2005). Si cette disposition était maintenue, le tableau de la situation actuelle du Soudan serait totalement différent. Deuxièmement, l'APG stipule que *"les meilleures pratiques connues en matière d'utilisation et de contrôle durables des ressources naturelles doivent être suivies"* (APG 2005). Les rapports non publiés sur l'impact environnemental de l'industrie pétrolière en disent long. Troisièmement, *"les personnes jouissant de droits fonciers doivent être consultées et leur avis doit être dûment pris en compte dans les décisions d'exploitation des ressources naturelles souterraines de la zone dans laquelle elles ont des droits, et doivent partager les bénéfices de cette exploitation"* (CPA 2005). Ce ne sont là que quelques-unes des nombreuses promesses non tenues du CPA. L'incapacité des signataires et de leurs partisans à assurer une mise en œuvre réussie de ces promesses a conduit au sentiment d'urgence et à la nervosité actuels concernant le référendum à venir.

6.2.1. Partage des richesses

Le PCN et le SPLM se sont engagés à partager les revenus provenant du secteur pétrolier selon les proportions définies dans l'accord de partenariat global. Le Sud-Soudan et le Nord-Soudan ont le droit de recevoir chacun 50 % des revenus pétroliers provenant des champs pétrolifères du Sud-Soudan. Pour les champs pétroliers d'Abyei, le Sud-Soudan a droit à 42 %, le Nord à 50 %, tandis que 2 % reviennent à chacune des administrations locales de la région de Bahr el Ghazal et du Kordofan occidental, localement avec les Ngok Dinka et le peuple Misseriya.

Although the regularity and size of transfers from the North to the South has been disputed, international observers and experts in Sudan estimate them to be approximately correct. However, most money transferred disappears in the bureaucracy. There is a severe lack of capacity within the GoSS and with an inflated public sector, 70% of the budget goes to paying salaries that are in effect not taxable. The numbers regarding oil prices and revenue transactions are public and the GoSS can check these as they wish. Overall transparency though, has not improved. The contracts are still secret and the GoSS is notoriously nontransparent. Bien que les transactions soient à peu près correctes, il n'y a pas eu de changement majeur dans la gestion globale des ressources naturelles depuis la signature de l'ACP. Selon les observateurs internationaux à Khartoum, la manière dont les revenus ont été déployés n'a pas connu d'améliorations majeures et les zones situées en dehors des capitales n'ont guère bénéficié du développement que peut apporter la richesse pétrolière.

Un rapport de Global Witness publié en 2009 montre qu'il n'y a aucune preuve de sous-paiement du Nord au Sud, mais qu'il y a un problème de vérification constant. Ce manque de transparence et les rumeurs qui en découlent représentent un gros problème pour les relations entre les deux parties. Global Witness a présenté des chiffres qui montrent des écarts de 9 à 26 % entre les données du GoNU sur la production pétrolière et les chiffres publiés par les compagnies pétrolières. Des écarts similaires ont été constatés dans les prix officiels du pétrole auxquels les deux groupes se sont référés (Global Witness 2009). Un expert pétrolier à Khartoum décrit le niveau de suspicion et de méfiance mutuelles comme étant élevé, et que beaucoup de discussions dans le Sud sont basées sur des rumeurs. Par exemple, beaucoup de gens dans le Sud croient qu'une grande partie du pétrole produit n'est pas vendu, et qu'il est plutôt stocké dans des espaces de stockage secrets dans le Nord. C'est techniquement impossible, mais cela reflète néanmoins la suspicion et les relations tendues entre les deux parties.

Les négociations sur un accord de partage des richesses pour l'après-2011 sont menées par les parties elles-mêmes, soutenues par l'UA et avec l'AEC comme secrétariat technique. Il existe un sérieux manque de compréhension de l'ampleur des problèmes que pourraient rencontrer les deux parties si un accord de partage du pétrole n'est pas conclu. Un groupe de travail a été créé pour le GoSS, avec le soutien du Fonds de développement des Nations unies (PNUD), afin de renforcer les capacités en vue du référendum, des négociations et de l'après-référendum. Sans un pacte pétrolier pour la période post-2011, le Soudan est confronté à de graves risques de retour au conflit civil. Outre un accord sur le partage des revenus, aucune discussion n'a eu lieu sur ce qu'il advient des actifs (oléoducs, équipements d'extraction, etc.) après leur utilisation. Une grande partie du pétrole au Soudan était déjà en cours d'extraction avant que les discussions sur la répartition des revenus pétroliers n'aient commencé. Le gouvernement soudanais est propriétaire des oléoducs, et bien que les entreprises soient elles-mêmes propriétaires de leur équipement d'extraction, ceux-ci deviendront propriété nationale lorsque leurs baux/contrats arriveront à expiration ou après un certain nombre d'années. Le consensus général actuel est que le Soudan est "alarmamment peu préparé" à l'issue du référendum, qu'il s'agisse de sécession ou de maintien de l'unité (upstreamonline.com 2010).

6.2.2. Abyei

La décision de l'APC de juillet 2009 a délimité la frontière entre le Nord et le Sud dans la région pétrolière contestée d'Abyei, située à la frontière entre le Nord et le Sud du Soudan. La décision était basée sur les démarcations traditionnelles de la frontière et ne considérait pas la division des champs pétrolifères comme faisant partie de celle-ci, car il n'était pas dans le mandat de l'APC d'examiner à la fois les questions foncières et pétrolières. Bien qu'à première vue, la décision ait semblé être un compromis, les experts économiques et industriels de Khartoum soulignent que le SPLM a beaucoup perdu en termes de revenus pétroliers. Par rapport à la délimitation de la Commission frontalière d'Abyei (ABC) de 2008, la zone d'Abyei a été réduite d'environ 50 % et la production pétrolière du côté sud a diminué d'environ 95 %. Cela a pour conséquence directe que les revenus immédiats provenant de l'Abyei, qui, après la signature de la feuille de route de l'Abyei en 2008, étaient d'environ 32 %, soit 250 millions de dollars par an, seront réduits de 95 %. Les ressources allouées par l'Abyei au Fonds pour l'unité, soit 36 % ou 250 à 300 millions de dollars par an, seront réduites en conséquence. La même réduction touchera également les Dinka et les Misseriya qui, après la feuille de route, ont reçu environ 15 millions USD par an. Une autre question importante concerne les paiements restants au GoSS pour les recettes provenant d'Abyei pendant la période de 2005 jusqu'à la signature de la feuille de route en 2008. Si la conclusion de l'ABC était restée, la somme serait d'environ 1,3 milliard USD. Le GoSS et le GoNU se sont entendus à ce sujet et, bien qu'il soit peu probable que cette question ait été traitée directement, le GoSS aurait néanmoins pu jouer une carte solide à la table des négociations contre d'autres avantages concernant l'Abyei et la période post-2011. Il est cependant important de rappeler que la production de pétrole à Abyei représente environ 10% de la production totale du Soudan. Cela signifie que même si les revenus provenant d'Abyei seront fortement réduits, cela ne constitue toujours qu'une perte de moins de 10 % pour le Sud-Soudan. En ce qui concerne le résultat du référendum d'Abyei, il pourrait en résulter une moindre sensibilité car le pétrole est fondamentalement retiré de l'équation. En outre, la décision pourrait faciliter les discussions sur le partage des revenus pétroliers après 2011.

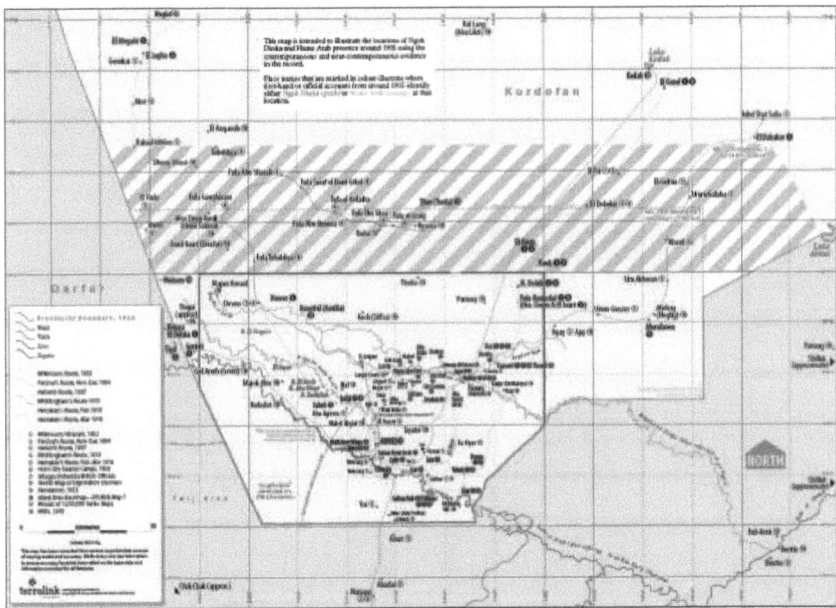

Fig. 3 : Délimitation de la frontière d'Abyei. L'épaisse ligne rose représente l'Abyei d'aujourd'hui, telle qu'elle a été délimitée par l'APC en juillet 2009. La ligne rose de réflexion représente l'Abyei tel que délimité par les experts de l'ABC, en juin 2008, et la zone bleue et blanche la zone de droits partagés selon la feuille de route de 2008.

La frontière indéfinie a entravé la mise en œuvre de l'APG et a alimenté la méfiance entre les parties signataires ainsi qu'une insécurité accrue le long de la frontière. La question de la démarcation n'est plus une question technique, mais nécessite l'intervention de politiciens de haut niveau au sein du GoNU (ICG 2010). Comme une grande partie des ressources pétrolières du Soudan se trouve dans ces zones, les implications politiques et économiques de la démarcation de la frontière ont été amplifiées. Une conséquence grave de cette situation est que certaines zones frontalières restent dangereusement militarisées, car les SAF et le SPLM ont tous deux fait preuve d'un comportement militaire agressif dans ces zones (ICG 2010).

73

6.2.3. Élections

Le processus de démocratisation a été troublé et dévié dès le départ. Dans un pays ayant peu de tradition de transparence et de responsabilité du gouvernement ou même de procédures électorales, et avec une histoire compliquée comme celle du Soudan, toutes les parties ont compris que ce serait un processus difficile et imparfait. Les parties internationales aux négociations de l'APG, le Royaume-Uni, les États-Unis, les Nations unies et la Norvège, ont souligné l'importance et insisté sur la tenue d'élections nationales pendant la période intérimaire. Il faut des années et des années à un pays pour transformer ses systèmes et ses attitudes vis-à-vis de la démocratie, et les observateurs internationaux au Soudan en sont parfaitement conscients.

Les élections étaient initialement prévues pour décembre 2009, mais ont eu lieu en avril 2010. Bien que le processus ait été imparfait et non conforme aux normes internationales, il a tout de même été considéré comme un premier pas vers un socle de valeurs, de systèmes et d'attentes démocratiques dans le pays. On peut décrire les élections comme une formalité, et l'importance relative et l'attention accordée au référendum témoignent de la manière dont les acteurs internationaux l'ont également compris.

6.2.4. Référendum - concessions pour la sécession

Despite the fact that other benchmarks outlined in the CPA have been delayed, the GoSS has repeatedly insisted on the importance of complying with the CPA and going ahead with the referendum in the South as planned. The preparations for the referendum started long overdue in summer 2010. In August 2010 the Presidency met to discuss obstacles facing the referendum commission, of which the outcome was to step up the demarcation of the Northfrontière sud, et a appelé la communauté internationale à remplir ses promesses et engagements pour soutenir le processus de référendum (Miraya FM 30.08.2010). Dans le même temps, Khartoum a recommandé que la frontière Nord-Sud soit enfin délimitée avant un vote sur l'indépendance. Le fait d'avoir une frontière convenue semble être un premier pas logique vers l'indépendance, mais étant donné le processus laborieux de délimitation des frontières sur le terrain, cela peut prendre des années. Le SPLM considère que le fait de faire échouer le processus et donc très probablement la sécession du Sud-Soudan est une mesure de blocage de Khartoum.

La loi sur le référendum est toujours en cours de création et les négociations pour les arrangements post-2011 sur le partage des richesses, la citoyenneté et d'autres questions doivent encore être discutées. Entre autres choses, des discussions sur la dette internationale doivent avoir lieu avant le référendum. Le Nord du Soudan ne peut obtenir la remise de sa dette en raison, entre autres, des atrocités commises au Darfour. Selon la Banque mondiale (2010), le Soudan doit mener des réformes structurelles pour élargir son économie et encourager les entreprises privées à réduire son taux de pauvreté de 46 % et à bénéficier d'un allègement de sa dette extérieure de 35 milliards de dollars. Khartoum a demandé à la Banque mondiale un allègement de cette dette, car elle rend le GoNU inéligible à l'obtention d'autres prêts internationaux. Le Soudan doit réduire son taux de pauvreté élevé par le biais de mesures d'incitation en faveur des petites entreprises et de l'agriculture, et améliorer ses infrastructures avant de pouvoir bénéficier d'un allègement de la dette. L'une des façons dont le Soudan peut y parvenir est de concentrer ses efforts sur le soutien aux initiatives commerciales locales plutôt que de se contenter d'attirer les investissements étrangers. Aujourd'hui, il existe un océan bureaucratique de règles et de directives compliquées dans lequel il faut naviguer pour qu'un entrepreneur local puisse créer une entreprise et en tirer profit.

L'ONU intensifie actuellement ses efforts pour soutenir le processus référendaire. Une partie de ces efforts consiste à établir une présence dans chacun des 79 comtés du Sud Soudan, une étape qui montre que l'ONU joue un rôle plus important dans la réalisation du référendum, tant du point de vue technique que logistique, que dans le soutien aux élections. Le Sud-Soudan a également intensifié sa campagne pour que les Sud-Soudanais s'inscrivent sur les listes électorales et "votent avec sagesse" (UN Dispatch 2010). Il semble également que les principaux responsables politiques du Nord aspirent à réinstaller les groupes ethniques loyaux du Nord du Soudan dans l'État du Grand Nil, au Sud-Soudan. Cela pourrait augmenter les chances que les dirigeants politiques du Nord continuent d'influencer les affaires dans cette région avant et après le référendum (ECOS 2006).

Dernièrement, l'option d'une sécession unilatérale a été mentionnée et un "plan B" a été évoqué dans le cas d'un report du référendum. En raison des retards dans les préparatifs du référendum et de l'impression que le NCP ne fait pas assez pour organiser le référendum à temps, les politiciens du Sud peuvent déclarer unilatéralement l'indépendance du Sud-Soudan (CNN 2010). Les querelles politiques concernant le référendum se poursuivent, mais toutes les parties prenantes ont le sentiment qu'il est urgent d'organiser le référendum à temps.

6.3. L'attrait de l'unité

L'un des principaux aspects sur lesquels les parties se sont engagées en signant l'APG était de s'efforcer de "rendre l'unité attrayante", c'est-à-dire d'établir des politiques et des relations pour garantir que les avantages d'un "Soudan unique" après 2011 soient évidents. C'était également la politique de la plupart des acteurs internationaux travaillant au Soudan, dans le cadre de leurs efforts pour soutenir la mise en œuvre de l'APG. Cependant, lorsque la moitié de la période intérimaire a été franchie en 2008, il est devenu de plus en plus évident que la sécession devenait l'issue la plus probable du référendum. Plusieurs événements ont récemment indiqué que le PCN et le MPLS se préparent tous deux à la sécession et qu'ils ne se concentrent plus sur l'idée de "rendre l'unité attrayante", mais qu'ils s'attendent à la sécession de manière plus réaliste. Cela se reflète dans les événements et les activités entourant la démarcation de la frontière Nord-Sud, les investissements dans les infrastructures, la modernisation de l'armée et le secteur pétrolier, qui sont tous abordés plus en détail dans cette section. Les indications actuelles montrent que le SPLM et le PCN utilisent plus de ressources pour préparer l'indépendance que pour mettre en œuvre l'accord de paix global. En réalisant cela, les acteurs internationaux et les nationaux ont commencé à préparer un Sud-Soudan potentiellement indépendant afin de garantir une sécession pacifique. Bien qu'elle ne soit pas conforme à leur politique visant à rendre l'unité attrayante, elle n'est pas en contradiction directe avec celle-ci et il serait tout simplement naïf de la part des acteurs internationaux de se concentrer aveuglément sur l'une des deux issues possibles du référendum de 2011. Les questions à débattre sont le partage des revenus pétroliers, l'utilisation des infrastructures, la dette internationale, la citoyenneté pour les Sud-Soudanais résidant actuellement au Nord-Soudan, les droits sur l'eau du Nil, la monnaie pour le Sud et les accords internationaux. Les discussions, attendues depuis longtemps, ont commencé en juillet 2010.

6.3.1. Nouvelles initiatives sur le pétrole

Le président et le ministre de l'énergie et des mines du Sud-Soudan ont récemment discuté de questions liées à l'industrie pétrolière dans la région. L'une des mesures prises a été de déployer 37 membres du personnel du ministère de l'énergie et des mines du GoSS dans la région pendant les six mois précédant le référendum "pour se familiariser avec l'industrie pétrolière au Soudan" (Miraya FM 26.08.2010). Ces actions montrent que le Sud-Soudan prend des mesures pour se préparer à la gestion des ressources naturelles après ce qu'il croit fermement être une sécession. Ils ont également fait appel à des musiciens et des artistes pour écrire et composer un hymne national, et ils encouragent les acteurs internationaux et les partenaires bilatéraux à concentrer leurs relations diplomatiques et commerciales avec le Sud-Soudan en tant qu'entité distincte du Nord-Soudan. Plusieurs pays ont répondu à cette demande accrue du Sud et à la probabilité d'un nouvel État en établissant des consulats dans la capitale de la région, Juba, et en établissant et renforçant ainsi des liens directs avec le gouvernement du Sud-Soudan.

Aujourd'hui, l'intérêt s'est déplacé vers le Sud-Soudan, tant pour les investisseurs asiatiques que pour les pays africains voisins. La Chine et le Japon ont lancé un appel d'offres pour la construction d'un port sur l'île kenyane de Lamu qui desservira la région, y compris le Sud-Soudan. Un oléoduc de 1 400 km irait de Juba à l'île kenyane de Lamu, où un terminal d'exportation de pétrole serait construit. Le coût de l'oléoduc est estimé à 1,5 milliard USD et constituerait un pas considérable vers l'indépendance économique du Sud par rapport au Nord (Sudan Tribune 04.03.2010). Actuellement, le pétrole est exporté par des pipelines à travers le Nord du Soudan vers une installation d'exportation sur la côte de la mer Rouge. Le GoSS souhaite que le nouvel oléoduc réduise sa dépendance vis-à-vis du Nord en créant une voie d'exportation via le Kenya.

En octobre 2009, le gouvernement du Sud-Soudan a approuvé le projet de construction d'une première raffinerie de pétrole de 2 milliards de dollars dans l'État de Warap, au Sud-Soudan. Il s'agit d'une nouvelle étape vers le renforcement des infrastructures pétrolières du Sud à l'approche du référendum. La raffinerie prévue aura une capacité de 50 000 b/j et desservira sept États de la région. En avril 2010, une joint-venture entre ARC et NilePet a lancé un appel d'offres pour un investisseur potentiel dans la raffinerie du Sud-Soudan. Le GoSS souligne l'importance d'indigéniser les opérations du secteur pétrolier afin que le Sud-Soudan "ne soit pas rattrapé" au cas où il choisirait la sécession en 2011 (ECOS 2009). De telles initiatives ne laissent aucun doute sur le fait que le Sud-Soudan vise non seulement l'indépendance politique, mais aussi l'indépendance économique par rapport au Nord.

6.3.2. Relations bilatérales

Après la signature de l'APG en 2005, les États-Unis ont établi des liens diplomatiques avec le Sud-Soudan en créant trois consulats à Juba en novembre (ECOS 2005). En 2007, les États-Unis ont exclu la région du Sud-Soudan de leurs sanctions économiques contre le pays et ont reconnu le gouvernement du Sud-Soudan comme une entité distincte du gouvernement du Soudan (Sudan Tribune 2007). Les États-Unis ont cependant maintenu les sanctions imposées sur toutes les transactions liées aux industries pétrolières du Soudan, y compris celles du Sud-Soudan.

Les États-Unis ont déclaré en janvier 2008 qu'ils soutiendraient l'APLS dans sa transformation en une force militaire professionnelle *"entièrement responsable devant ses citoyens et capable de servir tout le monde en défendant les droits et les aspirations légitimes du peuple soudanais"* (Sudan Tribune 2008). Le quartier général provisoire de l'APLS au Sud-Soudan est financé par les États-Unis. Le CPA prévoit deux armées, une au Nord et une au Sud, ainsi que des unités conjointes qui serviront dans certaines zones telles que les champs de pétrole et les zones frontalières contestées. Une agence de presse a rapporté que cet engagement des États-Unis fait partie des sanctions qu'ils ont prises contre le Nord du Soudan pour ne pas avoir mis fin à la violence au Darfour, mais les États-Unis ont nié que l'aide à l'APLS était destinée à lutter contre le Nord du Soudan.

6.3.3. Modernisation de l'armée

Recently, GoSS purchased 10 Russian helicopters, giving South Sudan its first ever, independent air transport capability. The GoSS insists the helicopters will be used for civilian purposes only. However, it may be seen as a step towards upgrading SPLM's military capacity and modernising their army, following a statement by the SPLA in June 2010 that South Sudan planned to build an air force before the referendum (Bloomberg 2010). According to the CPA, both NCP and SPLM are allowed to acquire "lethal items" if approved by the Joint Defense Board (JDB). A Small Arms Survey report shows however that the JDB does not play a role in scrutinising either party's military acquisitions. The International Crisis Group has stated that both sides have been importing lots of weapons, and views the acquisition of the helicopters together with a purchase in 2009 of 100 Russian-built tanks as a sign that South Sudan is expecting the referendum to result in secession and also that the North may not accept such an outcome (Bloomberg 2010). Both sides have actively rearmés, en violation de l'APG. L'International Crisis Group a signalé en septembre 2010 que des activités militaires hostiles entre les forces armées soudanaises et le SPLM se déroulent toujours autour des zones frontalières nord-sud, et a recommandé une zone tampon de 15 à 25 km pour atténuer les tensions locales et éventuellement décourager la violence des deux côtés (ICG 2010).

6.3.4. Sécurité et infrastructures énergétiques

Le Sud-Soudan a récemment annoncé son intention d'ériger des centrales hydroélectriques sur 11 sites le long du Nil blanc. Le ministère des ressources en eau et de l'irrigation du Sud-Soudan a expliqué cette décision en disant que la capacité à utiliser le Nil est nécessaire pour le développement de la région. Le pays ne dispose pas actuellement d'un réseau électrique adéquat. Le droit à l'eau est un sujet de controverse au Soudan et dans la région de la Corne de l'Afrique. Les droits d'utilisation de l'eau du Nil sont en cours de renégociation. Une décision unilatérale du Sud-Soudan d'utiliser plus d'eau que ce qui est stipulé dans l'accord actuel entre le Soudan, l'Éthiopie et l'Égypte pourrait causer du ressentiment en aval au Nord-Soudan et en Égypte si leur accès à l'eau du fleuve en souffre.

Le groupe sud-coréen MNC Make a exprimé son désir d'investir dans des projets d'infrastructure d'une valeur de 1,8 milliard de dollars US, notamment dans le logement, les réseaux routiers, les télécommunications et l'énergie, au Sud-Soudan (Sudan Tribune 28.07.2010). Les représentants ont également discuté avec le GoSS de la possibilité d'investir dans des oléoducs soit vers Mombasa au Kenya, soit vers Djibouti en passant par l'Éthiopie. Alors que de nombreux investisseurs potentiels ont hésité et ont adopté une attitude attentiste jusqu'à ce que l'avenir du pays soit déterminé lors du référendum de 2011, il est rassurant pour le Sud-Soudan que certains investisseurs asiatiques aient manifesté leur intérêt à investir dans la région. C'est un autre signe que le Sud s'achemine progressivement vers l'indépendance.

6.4. Résumé

Ce chapitre s'appuie sur les conclusions du chapitre 2, en soulignant la faiblesse des institutions, les mauvais indicateurs démocratiques et le type de ressources naturelles comme étant les principaux déterminants de la vulnérabilité aux effets négatifs de la dépendance aux ressources naturelles. En se concentrant sur les deux premiers, que le Soudan a théoriquement le pouvoir de changer, ce chapitre commence par dire que les efforts faits par le Soudan dans ces domaines sont insuffisants. Les efforts du Soudan pour lutter contre les effets de la malédiction des ressources ont été encadrés par l'Accord de paix global et soutenus par des acteurs nationaux et internationaux favorables à la mise en œuvre de cet accord. Cet accord fournit des lignes directrices pour traiter les questions relatives au secteur pétrolier, telles que le partage des richesses, la délimitation des frontières (Abyei), les élections et le référendum à venir. Bien que l'accord de paix global définisse des points d'action détaillés pour le Sud et le Nord du Soudan, les deux parties n'ont pas réussi à les mettre en œuvre de manière satisfaisante. Cela se reflète dans la situation actuelle du pays, caractérisée par les tensions liées au prochain référendum et à d'autres questions non résolues découlant de l'accord. Les deux parties n'ont pas fait suffisamment d'efforts pour rendre réellement attrayante l'option de l'unité, ce qui constitue une violation d'un élément clé de l'accord de paix global et a des conséquences graves et négatives sur les chances du Soudan de connaître une paix durable.

7. Conclusion

Ce document de recherche démontre que la nature et la durée des conflits civils au Soudan ont été affectées par la découverte, l'exploitation et l'exportation de pétrole par le pays. De manière directe et indirecte, le Soudan a fait l'expérience de la malédiction qu'une riche base de ressources naturelles peut constituer pour un pays. Si l'on considère comment l'interaction entre les facteurs sociaux, économiques et conflictuels a affecté la situation actuelle du Soudan, des solutions combinant tous ces facteurs sont nécessaires.

7.1. Impact du pétrole sur le conflit

Ce document de recherche montre que le conflit au Soudan s'est développé en même temps que l'industrie extractive dans le pays, confirmant l'effet négatif que la base de ressources naturelles du pays a eu sur les conflits civils. Le contexte soudanais confirme que les fonctions économiques ont joué un rôle clé dans la motivation et l'aggravation des conflits civils du pays. Directement, l'exploitation des ressources pétrolières a essentiellement permis une guerre civile autofinancée et est devenue à la fois le motif et le moyen de la poursuite du conflit. Les conséquences sur l'environnement, les terres agricoles, les moyens de subsistance des populations et les routes de migration ont été graves. En outre, les conflits au Soudan ont également été profondément affectés par une marginalisation économique, sociale et ethnique séculaire. C'est la combinaison de facteurs sociaux et économiques historiques et l'ajout récent de ressources naturelles qui constituent la base des conflits civils au Soudan.

En plus des effets directs sur les conflits civils au Soudan, le pétrole a également eu un impact indirect grave sur l'économie du pays par le biais des mécanismes de la malédiction des ressources. En aggravant les inégalités économiques et sociales, et en renforçant ainsi le ressentiment et le sentiment de marginalisation existants, la malédiction des ressources a eu un impact profond sur la dynamique du conflit au Soudan. Compte tenu de l'ancrage de l'économie dans le paysage social, culturel et géographique du pays, tout changement radical de la dynamique de l'économie aura des répercussions sur les autres institutions sociales du pays. Le Soudan a une prédisposition particulière aux effets négatifs de l'abondance des ressources naturelles. Son histoire de marginalisation régionale et culturelle le rend fragile et vulnérable aux changements soudains de l'économie. Les questions relatives à la terre, à l'eau et aux moyens de subsistance sont controversées et la faiblesse de ses institutions, l'absence de traditions et de valeurs démocratiques ainsi que des ressources naturelles invisibles en font un exemple typique de pays vulnérable à la malédiction des ressources. Chacun des cinq mécanismes clés de la malédiction des ressources, le syndrome hollandais, la recherche de rente, la mauvaise gestion économique, le manque d'incitations à investir dans le capital humain et la faiblesse des incitations publiques et privées à épargner et à investir, sont à l'œuvre au Soudan, chaque facteur étant aggravé par les autres. Les symptômes de la malédiction, bien que macro-économiques, ont eu des conséquences désastreuses pour la population déjà pauvre et vulnérable du pays. Les négociations post-conflit en témoignent, et la mission apparemment inéluctable du Sud-Soudan pour l'indépendance en 2011 en est une conséquence apparemment inévitable. Les dotations économiques et sociales initiales du Soudan et la découverte consécutive d'une riche base pétrolière en ont fait, en somme, une victime des effets directs des ressources naturelles par leur capacité à modifier les motivations et les fonctions à l'origine du conflit, et plus indirectement par la malédiction des ressources.

7.2. L'effort du Soudan pour combattre ces effets

Les causes du conflit au Soudan n'ont pas une seule explication. Ce sont plutôt un certain nombre de facteurs et une interaction complexe entre ceux-ci qui peuvent le mieux expliquer ce qui a causé et continue de maintenir le conflit violent dans le pays. Ces motivations ont changé au fil du temps, avec le changement de régime et de politique nationale à partir de Khartoum, mais aussi de manière significative avec la découverte du pétrole et le développement de l'industrie pétrolière. La découverte et l'exploitation du pétrole ont eu un impact grave et négatif sur la tension civile entre le Nord et le Sud du Soudan, et la croissance économique et le développement du pays en ont souffert.

De plus, les efforts du Soudan pour combattre ces effets de la malédiction des ressources ont été insuffisants. Ces efforts ont été fondés sur l'accord de paix global (APG), qui fournit des lignes directrices pour traiter les questions relatives au partage des richesses, à la démarcation des frontières, aux élections et au référendum à venir. Bien que l'APG définisse des points d'action globaux pour le Sud et le Nord du Soudan, les deux parties n'ont pas réussi à les mettre en œuvre de manière satisfaisante. Cela se reflète dans la situation actuelle du pays, caractérisée par des tensions liées au référendum à venir et à d'autres questions non résolues de l'accord. Les deux parties n'ont pas fait suffisamment d'efforts pour rendre réellement attrayante l'option de l'unité, ce qui constitue une violation d'un élément clé de l'accord de paix global et compromet gravement les chances du Soudan de connaître une paix globale et durable. La force institutionnelle et le niveau de démocratie ne se sont pas améliorés autant que l'augmentation des revenus et l'engagement des efforts devraient le laisser supposer.

It is now extremely important that enough focus and resources are given to preparations for the 2011 referendum. Manifestations of the effects of greed and grievances among the population in Sudan against the oil industry can be overcome within the existing political and business framework. The CPA details a number of principles and procedures that could kicklancer un processus populaire de renforcement de la confiance. Il est important que le PCN, le SPLM et les parties prenantes internationales renouvellent leurs efforts en vue de la mise en œuvre de l'accord de paix global et examinent en outre les moyens d'adapter ou de prolonger l'accord au-delà de 2011. Pour assurer un développement durable au Nord et au Sud-Soudan, un accord contraignant entre ce qui est susceptible de devenir deux pays indépendants est absolument nécessaire.

Il est utile d'examiner les expériences des autres pays et de tirer les leçons de leurs erreurs et de leurs succès. Les deux volets de la théorie concernant la malédiction des ressources et la théorie des conflits fournissent des explications et des recommandations génériques et détaillées sur les expériences des pays. Leurs conclusions sont généralement basées sur des analyses globales, regroupant les pays de manière à obtenir une signification statistique. Derrière chaque conflit, concession pétrolière et village brûlé se cache un réseau complexe de problèmes étroitement liés à l'histoire, à la démographie, aux traditions ethniques et culturelles, à la présence internationale et à une pléthore d'autres facteurs. Cela signifie que, bien que certaines prévisions et remèdes à la malédiction des ressources puissent être généralisés, les interventions pratiques doivent être fondées sur des preuves et tenir compte des conflits, et doivent inévitablement se fonder sur des analyses minutieuses des caractéristiques individuelles de chaque pays. Pour aborder ces questions, il faut examiner en détail le contexte institutionnel, constitutionnel, économique et historique d'un pays, étudier les opportunités et les défis grâce aux connaissances fournies par les cadres théoriques et les expériences d'autres pays, et enfin étudier le contexte spécifique pour identifier des solutions particulières et localisées.

7.3. Recommandations pour la poursuite des recherches

Compte tenu du cadre unique et complexe dans lequel les pays sont exposés à la malédiction des ressources naturelles, leurs expériences seront également très variées. En ce qui concerne les recommandations politiques, une connaissance intime du pays est cruciale pour concevoir une solution efficace. Des recherches sur les effets potentiels de l'extraction de nouvelles ressources naturelles dans les pays en développement sont nécessaires pour prévenir les conséquences négatives en élaborant des stratégies préventives.

Dans le contexte soudanais, la récente découverte de poches de pétrole dans la région instable du Darfour appelle une attention urgente. Il est impératif que le gouvernement et les acteurs internationaux trouvent et s'engagent à trouver des solutions préventives à temps avant que l'exploitation ne commence et ne déstabilise davantage une situation extrêmement fragile. Les leçons tirées de l'expérience de l'extraction des ressources au Sud-Soudan peuvent constituer un point de départ précieux.

En plus de porter un regard critique sur les conséquences de l'extraction pétrolière, les acteurs étatiques au niveau national et régional devraient investir dans le développement d'industries alternatives. La recherche de nouvelles sources de revenus et le renforcement du secteur privé et des institutions contribueront à contrebalancer les effets négatifs de la malédiction des ressources.

8. Références

Abbas, S. M. A. et autres (2010), "Fiscal Adjustment in Sudan - Size, Speed, and Composition". *Document de travail du FMI n° 1079*. Fonds monétaire international : Washington D.C., États-Unis.

Alden, C. (2007). *La Chine en Afrique*. Zed Books : Londres, Royaume-Uni.

Alley, P. et al. (2007). "Avoir et ne pas avoir. Resource Governance in the 21st Century" (Gouvernance des ressources au 21e siècle). Heinrich-Boll-Stiftung, Berlin.

Amnesty International (2000). "Soudan : Le prix humain du pétrole". Amnesty International.

Andersen, J. J. et Aslaksen, S. (2008). "Constitutions and the Resource Curse." *Journal of Development Economics*, 87 : 227-246.

Atkinson, G. et Hamilton, K. (2003). "Hypothèse de l'épargne, de la croissance et de la malédiction des ressources". *World Development*, Vol. 31, No. 11 : 1793-1807.

Baland, J. et Francois, P. (2000). "Rent-seeking and Resource Booms." *Journal of Development Economics*, Vol. 61 : 527-542.

Ballantine, K. et Nitzschke, H. (2005). "The Political Economy of Civil War and Conflict Transformation". Centre de recherche Berghof pour la gestion constructive des conflits.

Becker, H. S. (1996). "The Epistemology of Qualitative Research", dans Jessor, R., Colby, A. et Schweder, R. (eds.) (1996). *Essais sur l'ethnographie et le développement humain*. University of Chicago Press : Chicago.

Berdal, M. et Malone, D. M. (2000). *Greed and Grievance : Economic Agendas in Civil Wars*. Académie internationale pour la paix.

Bravo-Ortega, C. et Gregorio, J. (2002). "La richesse relative des pauvres ? Ressources naturelles, capital humain et croissance économique". Document de travail n° 139, Banque centrale du Chili.

Bloomberg (03.09.2010). "Le gouvernement du Sud-Soudan achète des hélicoptères russes avant le vote de sécession" http://www.bloomberg.com/news/2010-09-03/southern-sudan-buys-russian-helicopters-ahead-of-planned-secession-vote.html (consulté le 04.09.2010).

Brunnschweiler, C. N. (2007). "Cursing the Blessings ? Natural Resource Abundance, Institutions, and Economic Growth". *World Development*, Vol. 36, No. 3 : 399-419.

Brunnschewiler, C. N. et Bulte, E. H. (2008). "The resource curse revisited and revised : Un récit de paradoxes et de faux-fuyants". *Journal of Environmental Economics and Management*, Vol. 55 : 248-264.

Bulte, E. H. et autres (2005). "Resource Intensity, Institutions, and Development". *World*

Development, Vol. 33, No. 7 : 1029-1044.

Boschini, A. D. et al. (2005). "Malédiction des ressources ou non : Une question d'appropriation". *Scandinavian Journal of Economics,* Vol. 109 : 593-617.

Cairns, E. (1997). *Un avenir plus sûr : Reducing the Human Cost of War.* Publications d'Oxfam : Oxford, Royaume-Uni.

Carniero, F. G. (2005). "Le cycle du pétrole, la malédiction des ressources et l'hypothèse de la dépendance fiscale : A VAR Analysis for Angola". *Applied Economics Letters,* Vol. 14, No. 14 : 1039-1045.

Chalmers, M. (2007). "Dépenser pour économiser ? The cost-effectiveness of conflict prevention" (La rentabilité de la prévention des conflits). *Defence and Peace Economics,* Vol. 18, No. 1 : 1-23.

Christian Aid (2000). "La terre brûlée : Pétrole et guerre au Soudan". Christian Aid.

CIA (2010) World Factbook. Disponible à l'adresse https://www.cia.gov/library/publications/the-world-factbook/geos/su.html (consulté le 20.08.2010).

CNN (02.09.2010). "Officiel : Le Sud-Soudan pourrait faire unilatéralement sécession" http://articles.cnn.com/2010-09-02/world/southern.sudan.independence 1 peaceaccord-référendum-guerre civile ? s=PM:WORLD (consulté le 02.09.2010).

Collier, P. (1998). "Sur les conséquences économiques de la guerre civile". *Oxford Economic Papers,* Vol. 51 : 168-83.

Collier, P. (1999). "Doing Well out of War". Document préparé pour la Conférence sur les programmes économiques dans les guerres civiles, Londres, 26-27 avril 1999.

Collier, P. (2000). "Economic causes of civil conflict and their implications for policy". Banque mondiale : Washington D.C. (non publié).

Collier, P. et autres (2003). "Breaking the Conflict Trap" : Guerre civile et politique de développement". *Rapport de recherche sur les politiques de la Banque mondiale.* Banque mondiale et Oxford University Press : Washington D.C.

Collins, R. O. (2008). *Une histoire du Soudan moderne.* Cambridge University Press : Cambridge, Royaume-Uni.

Accord de paix global (07.01.2005). Naivasha, Kenya.

Crossan, F. (2010). "Philosophie de la recherche : Vers une compréhension". Infirmière chercheuse, Vol. 11, No. 1 : 46-55.

Damania, R. et Bulte, E. (2008). "Ressources à vendre : Corruption, démocratie et la malédiction des ressources naturelles". *The B.E. Journal of Economic Analysis & Policy, Vol.* 8, No. 1.

Easterby-Smith, M. et al. (1997). *Recherche sur la gestion : An Introduction.* Sage : Londres.

Easterly, W. et Levine, R. (1997). "Africa's Growth Tragedy" : Politiques et divisions ethniques". *Document de travail de recherche sur les politiques 1503.* Banque mondiale : Washington D.C.

ECOS (11.11.2005). "US opens consulates in southern Sudan" file://localhost/F:/CBS/Thesis/-- %20US%20opens%20consulates%20in%20southern %20Sudan.mht (consulté le 09.09.2010).

ECOS (2007). "Fact Sheet II : The Economy of Sudan's Oil Industry." Coalition européenne pour le pétrole au Soudan : Utrecht, Pays-Bas.

ECOS (04.10.2009). "Le Sud-Soudan va construire sa première raffinerie de pétrole dans l'État de Warrap" http://www.ecosonline.org/news/2009/20091004 Le Sud-Soudan va construire sa première raffinerie de pétrole (consulté le 08.08.2010).

Conseil européen des affaires publiques soudanaises (ESPAC) (2000). "Norwegian People's Aid et la militarisation de l'aide au Soudan" http://www.espac.org/norwegian pages/norwegian aid.asp (consulté le 10.08.2010).

Fardol, S. (2006). *Le Sud-Soudan et son combat pour la liberté.* AuthorHouse : Milton Keynes, Royaume-Uni.

Magazine Fortune (03.02.2003). "Les excréments du diable" http://money.cnn.com/magazines/fortune/fortune archive/2003/02/03/336434/ (consulté le 05.05.2010).

Geology.com (2010). "Sudan Energy : Oil" http://geology.com/energy/sudan (consulté le 01.09.2010).

Ghazvinian, J. (2007). *Untapped - The scramble for Africa's oil.* Harcourt Books : Orlando, États-Unis.

Global Witness (2009). "De nouvelles preuves confirment que la transparence des revenus pétroliers échappe toujours au Soudan". Global Witness.

Gylfason, T. (2000). "Lessons from the Dutch Disease : Causes, traitements et remèdes". Série de documents de travail 2001, n° 6. Université d'Islande, Institut d'études économiques.

Gylfason, T. (2000). "Ressources naturelles, éducation et développement économique". *European Economic Review,* Vol. 45, No. 4-6 : 847-859.

Harford, T. et Klein, M. (2005). "Aid and the Resource Curse." Groupe de la Banque mondiale - Vice-présidence du développement du secteur privé, note n° 291.

Haynes, J. (2007). "Religion, ethnicité et guerre civile en Afrique : Les cas de l'Ouganda et du

Soudan". The Round Table, Vol. 96, No. 390 : 305-317.

Hausmann, R. et Rigobon, R. (2002). "Une interprétation alternative de la malédiction des ressources". Document de travail 9424 du National Bureau for Economic Recovery.

Human Rights Watch (2003). "Soudan, pétrole et droits de l'homme". Human Rights Watch : New York, États-Unis.

Human Rights Watch (2009). "Il n'y a pas de protection. Insécurité et droits de l'homme au Sud-Soudan". Human Rights Watch : New York, États-Unis.

Humphreys, M. (2005). "Natural Resources and Armed Conflicts" (Ressources naturelles et conflits armés) : Enjeux et options". Dans Ballantine, K. et Nitzschke (eds.) (2005). Profiter de la paix : Managing the Resource Dimensions of Civil War : 25-44. Boulder : Lynne Rienner.

Imai, K. et Weinstein, J. (2000). "Measuring the Economic Impact of Civil War". Centre pour le développement international de l'Université de Harvard, document de travail n° 51.

International Crisis Group (2002). "Dieu, Pétrole et Pays : Changer la logique de la guerre au Soudan". Rapport Afrique n° 39. International Crisis Group.

Fonds monétaire international (2007). "Guide on Resource Revenue Transparency". http://www.imf.org/external/pubs/ft/grrt/eng/060705.pdf (consulté le 06.08.2010).

Fonds monétaire international (2008). "Soudan : Premier examen des performances dans le cadre du programme 2007-2008 suivi par le personnel". Rapport pays du FMI n° 08/174. Fonds monétaire international : Washington D.C., États-Unis.

Fonds monétaire international (2009). " Les implications de la crise financière mondiale pour les pays à faible revenu ". Fonds monétaire international : Washington D.C., États-Unis.

Fonds monétaire international (2010). "Perspectives de l'économie mondiale avril 2010 - Rééquilibrer la croissance". Études économiques et financières mondiales. Fonds monétaire international : Washinton D.C., États-Unis.

Isham, J. et autres (2003). "The Varieties of Resource Experience" : How Natural Resource Export Structures Affect the Political Economy of Economic Growth". Middlebury College, Rohatyn Center for International Affairs, Working Paper Series No. 12.

Johnson, D. H. (2007). Les causes profondes des guerres civiles au Soudan. Indiana University Press : Bloomington, États-Unis.

Jok, J. M. (2007). Soudan - Race, religion et violence. Oneworld Publications : Oxford, Royaume-Uni.

Kastfelt, N. (ed.) (2005). Religion et guerres civiles africaines. C. Hurst & Co : Londres, Royaume-Uni.

Keen, D. (2001). "War and Peace : What's the Difference ?" (Guerre et paix : quelle est la différence ?) Dans Adebajo, A. et Sriram, C. L. (eds.) (2001). *Managing Armed Conflicts in the* [21st] *Century :* 1-22. Frank Cass, Londres.

Khodeli, I. (ed.) (2009). *De la malédiction à la bénédiction ? Utiliser les ressources naturelles pour alimenter le développement durable.* Wiley-Blackwell et l'UNESCO : Chichester, Royaume-Uni.

Knack, S. et Keefer, P. (1995). "Institutions and Economic Performance" : Cross country tests using alternative institutional measures". *Economics and Politics,* Vol. 7, No. 3 : 207227.

Knowledge@Wharton (31.10.2007). "'The Resource Curse' : Why Africa's Oil Riches Don't Trickle Down to Africans." http://knowledge.wharton.upenn.edu/article.cfm?articleid=1830 (consulté le 20.06.2010)

Kobrin, S. (2004). "Oil and Politics : Talisman Energy and Sudan". *International Law and Politics,* Vol. 36 : 425-456.

Kolstad, I. (2007). "The Resource Curse : Quelles sont les institutions qui comptent ? *Document de travail n° 2 du CMI.* Institut Chr. Michelsen : Bergen, Norvège.

Kolstad, I. et Soreide, T. (2009). Corruption dans la gestion des ressources naturelles : Implications for policy makers". *Resources Policy,* Vol. 34 : 214-226.

Kolstad, I. et Wiig, A. (2009). "C'est les loyers, idiot ! L'économie politique de la malédiction des ressources." *Energy Policy,* Vol. 37 : 5317-5325.

Kolstad, I. et al. (2009). "Mission improbable : L'aide liée au pétrole s'attaque-t-elle à la malédiction des ressources ?" *Energy Policy,* Vol. 37 : 954-965.

Large, D. (2007). "China's Involvement in Armed Conflict and Post-War reconstruction in Africa : Sudan in Comparative Context", dans Patey, L. (2007). *Développement du pétrole en Afrique : Lessons for Sudan after the Comprehensive Peace Agreement.* Rapports DIIS 2007, n° 8.

Larsen, E. R. (2004). "Les pays riches sont-ils immunisés contre la malédiction des ressources ? Preuve de la gestion par la Norvège de ses richesses pétrolières." *Resources Policy,* Vol. 30 : 75-86.

le Billon, P. (2003). "Alimenter la guerre : ressources naturelles et conflits armés". *Institut international d'études stratégiques.* Document Adelphi 357. Oxford University Press : Londres, Royaume-Uni.

Leite, C. et Weidmann, J. (1999). "Mère Nature corrompt t-elle ? Natural Resources, Corruption, and Economic Growth" (Ressources naturelles, corruption et croissance économique). *Document de travail du FMI n° 99/85.* Fonds monétaire international : Washington D.C., États-Unis.

Lundin Petroleum AB (08.06.2010). "Lettre ouverte aux actionnaires de Lundin Petroleum". http://www.lundin-petroleum.com/Documents/cr open letter 08-06-10 e.pdf (consulté le

20.08.2010).

Maconachie, R. et Binns, T. (2007). "Au-delà de la malédiction des ressources ? Diamond mining, development and post-conflict reconstruction in Sierra Leone". *Resources Policy*, Vol. 32 : 104-115.

Mays, N. & Pope, C. (1995), "Qualitative Research : Rigour and Qualitative Research", *British Medical Journal, Vol.* 311 : 109-112.

Mehlum, H. et autres (2006). "Institutions and the Resource Curse." *The Economic Journal*, Vol. 116 : 1-20.

Middleton, N. et O'Keefe, P. (2006). "Politics, History and Problems of Humanitarian Assistance in Sudan". *Review of African Political Economy*, Vol.109 : 543-559.

Miraya FM (26.08.2010). "Le ministère de l'énergie du GoSS développe une politique pétrolière post-référendaire" http://mirrorfm.org/index.php?option=com content&view=article&id=3866:goss- ministery-of-energy-develops-post-referendum-oil-policy-minister- says&catid=85&Itemid=278 (consulté le 02.09.2010).

Miraya FM (30.08.2010). "La présidence discute des questions litigieuses liées au référendum" http://www.mirayafm.org/index.php?option=com content&view=article&id=3892:presid ency-discutesutesse-desquestions litigieuses liées au référendum&catid=85:85&Itemid=278 (consulté le 02.09.2010).

Mitchell, J. et Lahn, G. (2007). "Pétrole pour l'Asie". *Document d'information de Chatham House.* Chatham House : Londres.

Moody-Stuart, M. (2004). "La malédiction du pétrole ?" *Actes de l'Association des géologues, Vol.* 115 : 1-5.

Morgan, M. G. et autres (2002). *Risk Communication : A Mental Models Approach.* Cambridge University Press : Cambridge, Royaume-Uni.

Pantuliano, S. et autres (2009). "Put out to pasture : La guerre, le pétrole et le déclin du pastoralisme Misseriyya Humr au Soudan". Groupe de politique humanitaire : Londres, Royaume-Uni.

Papyrakis, E. et Gerlagh, R. (2004). "L'hypothèse de la malédiction des ressources et de ses canaux de transmission." *Journal of Comparative Economics*, Vol. 32 : 181-193.

Patey, L. (2007). "State Rules" : Oil Companies and Armed Conflict in Sudan". *Third World Quarterly*, Vol. 28, No. 5 : 997-1016.

Petterson, D. (2003). *Inside Sudan - Political Islam, Conflict and Catastrophe.* Westview Press : Cambridge, MA, USA.

Randolph, M. (2002). "Sudan's Perfect War". *Foreign Affairs,* Vol. 81, No. 2 : 111-127.

Robinson, J. A. et autres (2002). "Political Foundations of the Resource Curse" (Fondements politiques de la malédiction des ressources). Document de travail du CEPR n° 3422.

Robinson, J. A. et Verdier, T. (2003). "L'économie politique du clientélisme". Document de travail du CEPR n° 3205.

Ross, M. L. (1999). "L'économie politique de la malédiction des ressources". *World Politics,* Vol. 51 : 297-322.

Rubin, H. J. et Rubin, I. S. (2005). *Entretien qualitatif : L'art d'entendre les données.* Sage Publications : Thousand Oaks, États-Unis.

Sachs, J. D. et Warner, A. M. (1997). "Natural Resource Abundance and Economic Growth - revised version". Document de travail, Université de Harvard.

Sachs, J. D. et Warner, A. M. (1997). "Sources of Slow Growth in African Economies". *Journal of African Economies,* Vol. 6, No. 3 : 335-376.

Sachs, J. D. et Warner, A. M. (1999). "The Big Push, Natural Resource Booms and Growth." *Journal of Development Economics,* Vol. 59 : 43-76.

Sachs, J. D. et Warner, A. M. (2001). "Ressources naturelles et développement économique" : La malédiction des ressources naturelles". *European Economic Review,* Vol. 45 : 827-838.

Sala-i-Martin, X. (2003). "Addressing the Natural Resource Curse : An Illustration from Nigeria." (Lutter contre la malédiction des ressources naturelles : une illustration du Nigeria) *National Bureau of Economic Research,* document de travail n° 9804.

Sandbu, M. E. (2006). "Natural Wealth Accounts" : A Proposal for Alleviating the Natural Resource Curse." (Comptes des richesses naturelles : une proposition pour atténuer la malédiction des ressources naturelles). *World Development,* Vol. 34, No. 7 : 1153-1170.

Saunders, M. et al. (2007). *Research Methods for Business Students (⁴ᵉ éd.).* Prentice Hall : Harlow, Royaume-Uni.

Sayer, A. (1992). *Method in social science : a realist approach (²ᵉ éd.).* Routledge : Londres.

Seale, C. et al (eds.) (2004). *Pratique de la recherche qualitative.* Sage Publications : Londres, Royaume-Uni.

Shafaeddin, M. (2007). "Oil and Challenges of Trade Policy Making in Sudan in a Globalizing Arena". Document préparé pour la conférence sur les "Opportunités et défis du développement pour l'Afrique dans l'arène mondiale", organisée par la Commission économique pour l'Afrique et la Banque africaine de développement, Addis-Abeba, 15-17 novembre 2007.

Soobrayan, V. (2003). "Ethics, Truth and Politics in Constructivist Qualitative Research". *Westminster Studies in Education,* Vol. 26, No. 2 : 107-123.

Stake, R. E. (2005). "Qualitative Case Studies". Dans Denzin, N. K. et Lincoln, Y. S. (eds.) (2005). *The Sage Handbook of Qualitative Research (³ᵉ éd.)*. Sage Publications : Thousand Oaks, États-Unis.

Stephens, P. et Dietsche, E. (2008). "Malédiction des ressources : Une analyse des causes, des expériences et des moyens possibles pour aller de l'avant". *Energy Policy,* Vol. 36 : 56-65.

Stijns, J. C. (2005). "Natural Resource Abundance and Economic Growth Revisited". *Resources Policy,* Vol. 30, No. 2 : 107-130.

Sudan Tribune (01.11.2007). "Les États-Unis excluent le Sud-Soudan des sanctions" http://www.sudantribune.com/spip.php7article24547 (consulté le 09.09.2010).

Sudan Tribune (29.01.2008). Les États-Unis s'engagent à aider le Sud-Soudan à construire une armée "professionnelle"" http://www.sudantribune.com/spip.php7article25738 (consulté le 10.08.2010).

Sudan Tribune (04.03.2010). "Toyota propose un oléoduc Kenya-Juba contournant Port Soudan" http://www.sudantribune.com/spip.php7article34317 (consulté le 09.09.2010).

Sudan Tribune (28.07.2010). "Une entreprise coréenne veut investir des milliards dans les infrastructures du Sud-Soudan" http://www.sudantribune.com/spip.php7article35780 (consulté le 02.09.2010).

Swanson, P. (2002). "Fuelling Conflict : The Oil Industry and Armed Conflict". *Economies de conflit : Private Sector Activity in Armed conflict.* Programme for International Co operation and Conflict Resolution, Fafo-report No. 378 : 1-48.

Switzer, J. (2002). "Pétrole et violence au Soudan". Centre africain d'études technologiques.

Comité technique pour le partage des revenus pétroliers (2008). *Partage des revenus pétroliers du gouvernement du Sud-Soudan.* Novembre 2008.

Telegraph.co.uk (19.08.2010). "Des dessins de rhinocéros et de girafes prévus pour les villes du sud reconstruites du Soudan". http://www.telegraph.co.uk/news/worldnews/africaandindianocean/sudan/7952544/Rhi no-and-giraffe-designs-planned-for-Sudans-rebuilt-southern-cities.html (consulté le 20.08.2010).

Thagaard, T. (2003). *Systematikk og innlevelse - en innforing i kvalitativ metode (²ᵉ éd.).* Fagbokforlaget : Bergen.

Thierny, J. (05.05. 2008). "Repenser la malédiction du pétrole". http://tierneylab.blogs.nytimes.com/2008/05/05/rethinking-the-oil-curse (consulté le 01.09.2010).

Torvik, R. (2002). "Natural Resources, Rent Seeking and Welfare." *Journal of Development Economics,* Vol. 67 : 455-470.

Dépêche de l'ONU (06.09.2010). "UN Gears up for the South Sudan Referendum Vote" http://undispatch.com/un-gears-up-for-the-south-sudan-referendum-vote (consulté le 09.09.2010).

Programme des Nations unies pour l'environnement (2006). Sudan Oil Map. http://www.grid.unep.ch/product/map/index.php?region=africa *(consulté le 01.09.2010)*.

Programme des Nations unies pour l'environnement (2007). *Soudan - Évaluation environnementale post-conflit*. PNUE : Nairobi, Kenya.

Upstreamonline.com (14.07.2010). "Le Soudan est confronté à un risque de guerre sans pacte pétrolier" http://www.upstreamonline.com/live/article221561 .ece (consulté le 02.08.2010).

Weinthal, E. et Luonq, P. J. (2006). "Combattre la malédiction des ressources : Une solution alternative à la gestion des richesses minérales". *Perspectives on Politics,* Vol. 4, No. 1 : 35-53.

Bravo, K. (éd.) (2008). *Reconstructing Economic Governance after Conflict in Resourceles pays africains riches. Apprendre des expériences des pays.* Matériaux du domaine de recherche "Mondialisation de l'économie mondiale", volume 40.

Printed by Books on Demand GmbH, Norderstedt / Germany